無印良品の、人の育て方

〝いいサラリーマン〟は、会社を滅ぼす

良品計画会長
松井忠三
Tadamitsu Matsui

角川書店

無印良品には「部下、スタッフをどう育成するか」を簡潔にまとめたテキストがあります。また、効果的な人事を実現する仕組みもあります。

ただ、例えば上にある「マネジメントサポートブック」（後述）で無印良品に特化した中身を丸覚えしても、あまり意味はないでしょう（といっても「社外秘」なので全部を公開することはできません）。

本書では適宜、内容をひもときますが、是非、その後ろに流れる理念を感じとっていただき、あなたの部下、あなた自身、そしてあなたの会社に役立てていただきたいのです。

はじめに

人は「修羅場」で育つ

私はよく、「無印良品は、なぜ社員が辞めないのですか？」と聞かれます。

確かに、社員の勤続年数は年々長くなっています。

二〇〇一年に経営が悪化していた時期は退職者が相次ぎ、人手が足りずに苦しい思いをしていました。それが今では、「アルバイトで働いてみたいブランド」の二位に選ばれる（「アルバイト人気ブランドランキング２０１３」より）ほどの安定企業になったのです。

無印良品は、なぜ働き続けたい会社になったか。その理由は主に三つあると思います。

①無印良品というブランドが好きで入社した人が多い

無印良品は愛社精神というより、「愛ブランド精神」が強い社員が多いように感じます。シンプルで機能的な無印良品の商品に愛着を持っているので、仕事に誇りを感じているのでしょう。

②内部採用でじっくり育てた人を正社員にしている

内部採用については後ほど詳しく説明しますが、アルバイトとして店舗で働いていた人の中から、能力のある人を正社員に起用する制度です。内部採用された社員は、まさに「無印生まれ・無印育ち」で、無印良品の哲学や理念がしっかり体に染みついています。

③「働きがい」を感じる職場を本気でつくっている

無印良品は終身雇用・実力主義を目指しています。

「終身雇用はなくなった」と言われている時代の流れに逆行するようですが、終身雇用を保証しないと社員は安心して働けません。

そして、「働きがいをどうつくるか」は、「どう人を育てていくのか」という話にもつながります。これが本書のテーマです。前著（『無印良品は、仕組みが9割』）では無印良品で使っているマニュアルなどの仕組みに特化してお話ししましたが、今回は人事制度や人の育て方について、無印良品流のノウハウを公開します。

無印良品では人材育成をしていません。「人間育成」をしています。それも全社を挙げて「人を育てよう」というコンセンサスがあるので、本気度が違います。

私はそもそも、**社員は資源ではなく、資本**だと考えています。

「人材」と書くと、単なる材料のように感じられませんか。企業の金儲《もう》けのために使えるだけ使い、消耗しきったら取り替える。社員を資源であると考えていたら、そうなってしまうでしょう。

しかし、社員は資本であるなら、事業をするのに必要な源泉だということになります。大事に育て、守っていくしかないのです。

社員は社長の所有物ではありませんし、さらにいうなら部下は上司の私有財産ではありません。これを勘違いしている人は結構いるはずです。だから残業続きで働かせたり、部下の気持ちを無視して理不尽な仕事を押し付けたりするのです。

無印良品も、昔はそういう面がありました。今はそういう環境から脱却しつつあるので、社員の定着率が向上したのだと思います。

そして人間育成をするために必要なのが、「修羅場体験」です。

逆境こそ、もっとも人を成長させます。

少し泥臭い話のように感じるかもしれませんが、私だけではなく、多くの逆境を乗り越えてきたリーダーは同じことを考えているはずです。

逆にいえば、ぬるま湯に成長する機会はありません。

もしかしたら、会社にとって都合のよい〝いいサラリーマン〟は育つかもしれません。仕事を〝調整〟したり、現状を〝維持〟することに腐心したり、相手の〝顔色〟をうかがうということに長《た》けているような社員です。では、こうした社員が、会社を強くするかといえば、答えは明白です。

社員個人を強くするか、という問いについても同様です。ぬるま湯では、革新的なことを考える必要はない上、問題が起こった時に覚悟をもって突破する力は身につきません。

だから無印良品では、あえて社員に高めのハードルをつくります。

その代表例が異動です（1章で詳しく紹介します）。

無印良品の異動は、一般的な企業の異動とは大きく異なります。一言でいうなら、大胆かつ、積極的な異動です。ベテラン社員をまったく経験のない部署に放り込むのは当たり前。新しい仕事に一からチャレンジするので、ベテラン社員でも新人のように汗をかきつつ習得していかなければなりません。こういう経験が人を成長させ続けるのだと考えています。

このような試みは多くの企業でもされてきましたが、定着しませんでした。それを成功させた秘訣《ひけつ》こそが人間育成のカギなのです。

何より、人を育てることは自分を育てることにもなります。うまく人を育てられないのなら、相手ではなく自分自身に問題があるのかもしれません。

本書は経営者や管理職などのリーダーはもちろんのこと、一人でも後輩や部下を持っている人にも役立つ内容だと思います。とはいえ人間育成は、仕事に限らず、家庭でも学校でも、趣味の世界でも、あらゆる場所で必要になることです。

人の育て方で悩んだ時こそ、自分が成長するチャンスです。この本が皆さん自身の向上の一助になれば幸いです。

松井忠三

目次

1章

「絶え間のない、しなやかな異動」で人は育つ

2章

若手社員を「折れない社員」に育てる仕組み

3章

自分で「何とかする力」を強化する一つの方法

4章

「チームワーク」はつくるのではない。育てる

5章

モチベーションを引き出す「コミュニケーション」術

おわりに

序章

無印良品は、なぜ離職率がこれほど低いのか

「人が成長する会社」を「いい会社」という

「いい会社の条件は何ですか？」

こう尋ねられたときの答えの一つは、**「人が辞めない会社」**です。

もちろん、辞めさせないように無理やりしばりつけて働かせるのではありません。社員が喜んで働き続けたいと思う会社、人が辞めない会社であるのは、経営者にとっては究極の理想像でしょう。

人が辞めない会社とは、「働きがいのある会社」とも言い換えられます。そのような企業を目指して、私たちは今までもこれからも、模索を続けています。

働きがいは、お金だけで生まれるものではありません。

日々の仕事の中で評価されて達成感を味わったり、自分の成長を感じたり、成果を出して心が揺さぶられたときにもっとも実感する感情ではないか、と私は考えています。

キレイゴトを言っているとと思われるかもしれませんが、もしそれを得られる企業を実現すれば、業績も、会社としての発展も必ずついてきます。

前著『無印良品は、仕組みが9割』で、弊社がV字回復をしたときの話をしました。V字の底にいる時期、社員には元気がなく、ギスギスした雰囲気が社内に漂っていました。さまざまな仕組みをつくりはじめて回復の兆しが見えてからも、社内には反発を抱く人が多かったのです。そんな時に聞いた言葉が、「無印良品は好きだけれども、良品計画は嫌い」でした。

要は無印良品というブランドは好きだけれども、会社の体制は好きではないということです。改革には痛みを伴うものですが、やはりショックでした。

どんな企業でも浮き沈みはありますし、いい面もあれば悪い面もある。一〇〇％満足できる企業はないでしょう。

今、無印良品の中枢を担うのは、浮き沈みを経験してきた社員が大半です。沈んだ時に離れていった社員も少なくありませんでしたが、それでも一緒に無印良品を立て直す道を選んだ社員もまた多かったのです。

今三〇代や四〇代の彼らが、一三年前の低迷していた時期に、転職するのではなく、なぜ働き続けることを選んでくれたのか。人によってさまざまな理由があったと思いますが、もっとも大きなものは、今の仲間と一緒に仕事を続けたい、あるいは自分らしさを発揮できるのはこの会社だ、という理由だったのではないでしょうか。そして最終的には、無印良品と成長し続ける道を選んでくれたのだと思います。

今まで、社員が自己実現できる会社を目指して環境をつくることに腐心してきましたが、社員もそれに協力してくれました。みんなが自分を常に磨き、どんな場面でもくじけない強い意志を持ち、まわりと協力しながら仕事で成果を上げてきたのです。

今、無印良品の社員はかつてないほど強くなっていると私は感じています。

数字だけで計ることではありませんが、参考までに、最近の離職率を見てみます。**無印良品の本部社員の離職率は、ここ五～六年は五％以内**におさまっています。一〇年ほど前は一〇％を超えていた時期もあったのですが、年々離職率は減る傾向にあるのです。卸売業・小売業の平均的な離職率は一四・四％（厚生労働省平成二四年雇用動向調査）ですので、かなり低いほうです。

アルバイトやパートなどのパートナー社員の離職率も、一〇年ほど前は三〇～四〇％で

離職率の推移

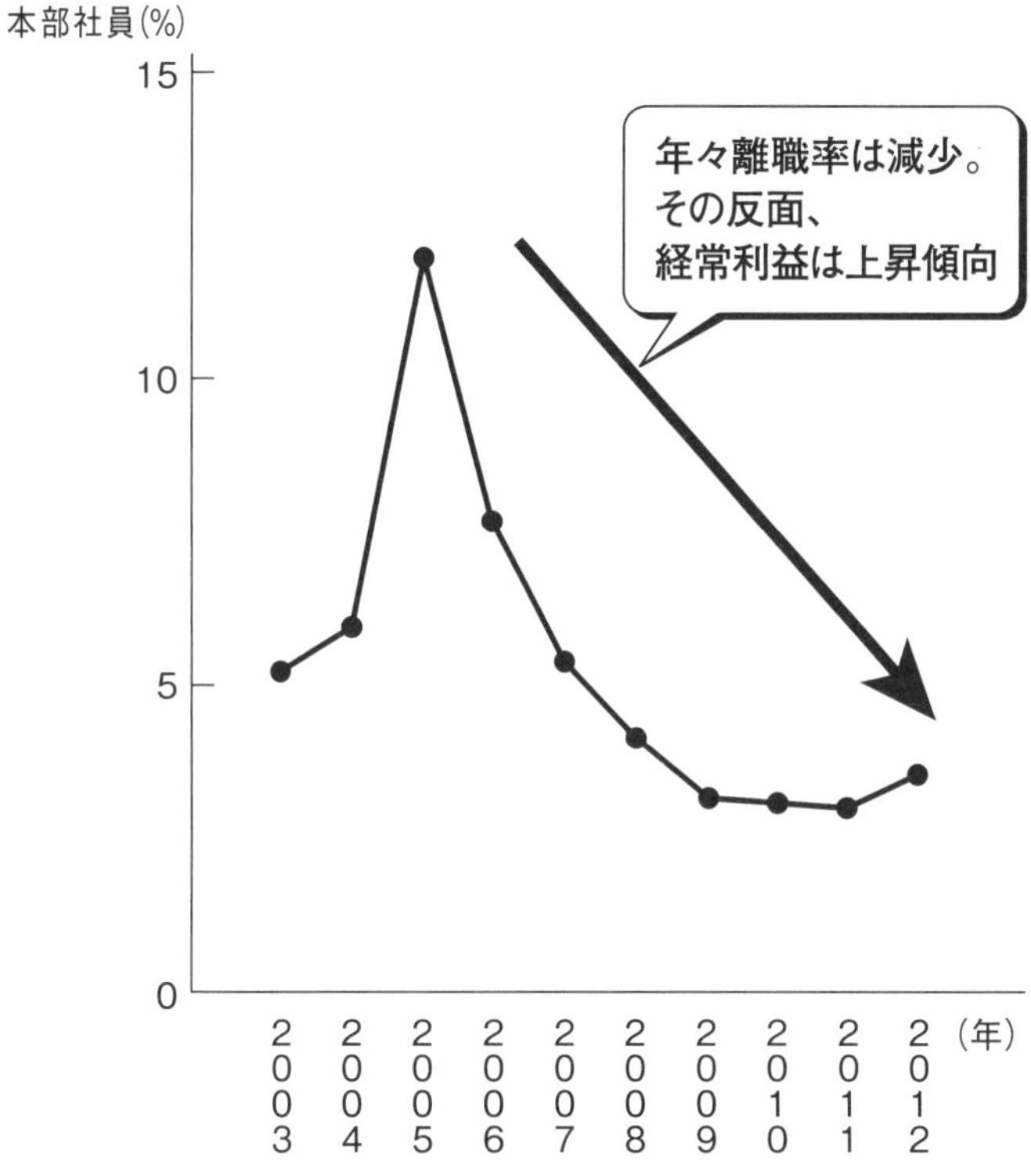

本 部 社 員	5.2	6.0	12.2	7.8	5.4	4.1	3.3	3.2	3.0	3.6	(%)
パートナー社員	33	38	33	46	40	34	24	25	24	26	(%)

「働きがい」を感じる職場をつくることを
本気で目指した結果、離職率は減少した

したが、ここ五〜六年は二〇％台に落ち着いています。

離職率が低いことは、会社への満足度が高いことの一つの表れと考えられます。

「Great Place to Work® Institute Japan」という調査機関が毎年行っている、「働きがいのある会社ランキング」があります。これは各企業の社員にアンケートを送り、信用、尊敬、公正、誇り、連帯感の五つの要素について尋ねる調査です。各企業の人事や経営陣は、アンケートの内容にはタッチできないので、純粋な社員の評価がわかるものです。

良品計画は、二〇一二年は二五位、二〇一三年は二一位と、いつも三〇位以内にランクインされてきましたが、二〇一四年はなんと一五位。働きがいのある会社を目指してやってきた成果が少しずつ実を結んでいるのかな、と感慨深い思いです。私にとってはこれらの結果が、何よりも嬉《うれ》しいものでした。

だからといって、もし皆さんが今の仕事にやりがいを感じていないのだとしても、「無印良品に来てください」などと言うつもりはありません。

そんなことをしなくても、自分の「心の仕組み（持ち方）」を変えるだけで、今の仕事にやりがいを感じられるようになるはずです。この本では**無印良品の人材育成を紹介するとともに、どうすれば成長し、仕事にやりがいを持てるか**を考えてみたいと思います。

逆境を「あえてつくりだす」理由

自分の意に反する異動で、仕事へのモチベーションが落ちた――。突然、海外赴任や思いもよらない部署への異動を命じられて、不安や不満を感じている――。そのような体験をしているビジネスパーソンは多いでしょう。

私も新卒で入社したのは西友でしたが、四〇歳の時に、当時は規模の小さかった無印良品に異動になりました。実質、左遷と言っていいかもしれません。

自身のことだけでなく、今まで私は多くの人が出世争いで敗れたり、失敗したりして、左遷されるケースを見てきました。

そして左遷されると、その後は二つのタイプに分かれます。

一つは、ショックを受けても新天地で懸命に結果を出そうと働くタイプ。

もう一つは、いつまでもまわりを恨み、どんどん腐っていくタイプ。

後者は学歴の高い人ほど多いような気がします。立ち直ることなく組織から姿を消し、次の職場でも尾を引いて低迷するという悪循環にはまる傾向にあるようです。

私はそういう人たちを多く見てきたこともあり、無印良品に移ってからは「与えられたミッションを着実にこなそう」と心に決めました。そして、数年後に西友に戻るかと尋ねられた時、多くの出向者が戻る道を選択したなか、無印良品に留まる道を選びました。


自分を成長させるためには、どうすればいいのか。

資格をとったり、ビジネススクールなどに通う人もいますが、そういった場で身につけられる知識やスキルでは、それほど成長できません。実体験を伴っていないからです。

自動車の免許を取るとき、教習所でさまざまな理論を学び、運転の基本も学びますが、実際に上達するのは、免許を取って一人で道路に出るようになってからでしょう。最近はシミュレーション装置で〝運転〟もできますが、実際に運転をして事故を起こしそうになってヒヤッとするような経験のほうが、一〇〇倍役に立ちます。

泥臭い話になるかもしれませんが、**「逆境に身を置く」のが一番効果があります。**

今は逆境を経験する場が少なくなりました。大学は全入時代になりましたし、多くの学校は過度な競争を避ける教育をしています。社会に出てからも、「今の若者は折れやすい」という理由で、失敗させないような社員教育をしている企業が増えました。

それだと、一度大きな失敗やトラブルに巻き込まれたら、簡単につぶれてしまいます。これからますます企業間の競争も、海外への進出も激しくなっていくなかで、打たれ弱い人材は生き残っていけませんし、打たれ強い人なら、どんな時代でもどんな環境でも生き残っていけます。しかし、今はそういった試練の場は、自分から求めていかないと、なかなか体験できないのかもしれません。

そこで、無印良品では、ときに大胆な異動をします。

販売部門の役員と管理部門の役員を交互に入れ替えたこともあります。こういう場面では問答無用。ときに「現場が混乱する」と戸惑う声があっても、聞き流してしまいます。

また、新入社員はまず店舗に配属するのですが、半年ぐらい経った時点で、別の店に異動することだってあります。新入社員にとっては、ようやく仕事や環境に慣れてきた時点での異動なので、不安に感じるかもしれません。

海外赴任の話も、「一カ月後に中国に行ってほしい」という感じで、いきなり通達します。それから担当者は慌てて語学を勉強したり、赴任先で住む場所を探したりするのです。無印良品はお店に置いている商品はソフトな印象でも、社内の環境は意外とハードなのです。

多くの社員はそういう体験を通して打たれ強くなっていきます。そして、どんな場面になっても「何とかなる」と開き直れれば、**自分のエンジンで走れる**ようになるのです。

リクルートワークス研究所の「ワーキングパーソン調査２０１０」によると、最近の異動が「希望に基づいている」と回答したのはわずか三割だそうです。七割の人が、希望ではない場所で仕事をしているということです。

皆さんのなかにも、意に反する場所で働いている人も多いのではないでしょうか。しかし、実はそれが素晴らしいことなのです。居心地のいい場所を探すのではなく、今の環境や仕事に自分を合わせ、結果を出してください。逆に、今いる場所を居心地よく感じるようであれば要注意です。それが慢心を生み、成長の芽を摘んでしまうのですから。

最近、自分はチャレンジしなくなったと感じているのなら、あえて未体験の環境に身を置いてみるのをお勧めします。異動願を出すという方法もあるでしょうし、新しい取引先を開拓するのも一つのチャレンジになるでしょう。手持ちのカードで満足せず、新たなカードを増やさないと、人は衰退していくばかりです。

「無印生まれ、無印育ち」の社員を育てる

無印良品では、本部にいきなり外部の人を入れることは基本的にありません。中途採用も、一年に二〜三人いるかいないか、ぐらいの割合です。

とはいえ、無印良品でも離職率はゼロではないので、辞めた人の穴は埋めなければなりません。そういう場合、無印良品は「内部採用」をします。

内部採用とは、パートナー社員から本部の社員になってもらうことを指します。パートナー社員とは店舗で働くアルバイトやパートのこと。週に二八時間以上働ける方はパートナー社員として契約し、そこから契約社員、正社員へと続く道が用意されています。そのパートナー社員出身の人を、本部に起用するわけです。

内部採用では、性別も学歴も、年齢も関係ありません。実力でステップアップしてきた人を公正に評価します。

実は、ここ数年は、新卒採用より、内部採用の数のほうが上回っています。

それは、**無印生まれ、無印育ちのパートナー社員に優秀な人材が増えた**からです。

無印良品では、店舗に配属されたら誰もが「ＭＵＪＩＧＲＡＭ」というマニュアルをもとに指導を受けます。前著でＭＵＪＩＧＲＡＭを紹介しましたが、これは一般的なマニュアルとは違います。トップダウンでつくるのではなく、現場で働く社員やお客様の要望を集めて、マニュアルにしているのです。さらに一度つくったら終わりではなく、毎月内容を更新していきます。だから数年経つと内容がかなり変わっています。

商品の洋服を畳んだり、品出しをしたり、店内の掃除や在庫の管理など、無印良品には「何となく」する作業はありません。すべての作業には目的や意味があります。作業を教える前に、まず作業の目的を教えるのがＭＵＪＩＧＲＡＭの特徴です。

「目的」を教えることは、無印良品の理念や哲学を、現場の作業を通して教えることでもあります。一つひとつの作業を通して無印良品の考え方を教えるうちに、理念や哲学が体に染みこんでいく。そうやって無印生まれ・無印育ちの社員は育っていくのです。

「そうはいっても、店舗の経験者が本部に配属になっても、仕事が全然違うではないか」

そういう疑問を持つ方もいるでしょう。

無印良品では基本的に、店舗で店長を経験した人間でないと、本部の社員にはなれません。そして**店長は単なるお飾りではなく、一人の経営者としてのスキルや自覚を持ってもらう**よう、MUJIGRAMなどを使って教育しています。

商品に関する知識を持っておくのはもちろんのこと、店舗のスタッフとのコミュニケーション、経理などのお金の管理、在庫の管理、店の宣伝など、店に関するあらゆる業務をできなければなりません。さらに、トラブルが起きた時には先頭に立って解決し、売り上げ目標を立てるのも〝経営者〟である店長の仕事です。そんな**経営者感覚を店舗で身につけることができる。そうしてから、本部に配属**となるのです。

例えば本部での商品開発は、店舗とは一見関係はなさそうですが、そんなことはありません。日々、店頭でお客様と接していた〝元店長〟のほうが、お客様のニーズはよくわかるでしょう。人事に携わるとしても、お店でアルバイトやパートの採用をして育ててきた経験があるのですから、人を見る目も、人を育てる力量も備わっているはずです。

つまり、店舗で働く体験を通して、無印良品の社員として必要なあらゆる能力を、一定レベル身につけているのです。中途採用したての人では、そんなに簡単にはいきません。

そもそも、**人の問題を、人の数で解決するという方法は、会社を弱くします。**

例えば、売り上げが一〇％アップして、社員の仕事も増えたから、人も一〇％増やそう――こういう考え方をする会社は多いようですが、これはリスクの高い発想です。

この発想で人を増員し続けると、業績が好調なときはいいのですが、悪化したときは一気に人件費が負債となってのしかかります。不動産などに限らず、人材の過剰投資・拡大路線も慎重にすべきなのです。

私の経験則で言うと、中途で採用した人は、多くが数年後に辞めてしまう傾向があります。以前、経理の担当者を数名中途採用したとき、しばらくは順調だったのですが、人材派遣の会社に引き抜かれてしまいました。ほかの社員も同じ時期に辞めていき、決算の直前だったので社内はもう大混乱でした。

その時痛感したのは、「お金だけで人材を引っ張ってきたら、お金で引っこ抜かれる」ということでした。無印良品という組織の風土をよく理解している人たちで会社を回している限り、軸はぶれません。そのためにも、時間はかかっても無印生まれ・無印育ちの社員を育てるのが最善策なのです。

どうして今、「終身雇用＋実力主義」を目指すのか

無印良品は終身雇用を目指しています。そう聞くと、「旧態依然とした組織なのかな」と誤解する人もいるかもしれません。正確に言うとしたら「実力を的確に評価する制度を整えつつ、終身雇用で社員に安定した生活を保障する環境をつくろう」としています。

バブル崩壊後、終身雇用のイメージが悪くなりましたが、それは年功序列とセットになっていたからです。実力がなくても勤務年数さえ長ければ出世できるという、正しい競争の起きないシステムに問題があったのです。

私は、社員が定年まで安心して働ける環境は大切だと考えています。それがないと、仕事への愛着や愛社精神は育たないでしょう。給料も少しずつでも上がる仕組みでないと、やはり社員は働きがいを感じません。

平成二四年に行われた独立行政法人労働政策研究・研修機構のアンケートによると、終身雇用を支持する人の割合は、過去最高の八七・五％。約九割のビジネスマンが、今の企

業で定年まで働き続けたいと考えているのです。

いわゆる〝ブラック企業〟ばかりが注目されているなか、日本の大企業九二社は新卒が三年経っても誰も辞めず、一〇〇%の定着率を誇っていることはあまり話題になっていません。電気ガス業界や建設業、海運業界などの企業には、超ホワイト企業が多いのです。

つまり、多くの若者は三年で辞めたいと考えているわけではないのだといえます。誰もが本当は、新卒から定年まで働ける企業を望んでいるのです。終身雇用は働く側にとっても雇用する側にとってもベストです。しかし、年功序列は排除しなければなりません。

世界に目を転じてみると、ホワイトカラーの社員まで終身雇用を採用する企業はほとんどありません。海外は職務給が一般的です。職務給は「仕事の内容」に対して給料が支払われます。したがって、経験年数や年齢などは一切関係なし。給料を上げるために夜は学校に通って資格を取るなど、みな貪欲に勉強し、働きます。海外でホワイトカラーの生産性が高いのはそのためでしょう。

対して日本は職能給です。職能給は「仕事の能力」に応じて給料が支払われるという仕組みですが、日本は働く年数が長ければ能力が高いと思われているので、これが年功序列につながったのです。

日本のホワイトカラーの生産性が低いと言われるのは、能力がなくても自動的に昇給するシステムになっていたからです。それもバブル崩壊と共に限界が来て、欧米型の職務給をベースにした成果主義が日本企業にも流れ込みました。

そのようにして日本に入ってきた〝欧米型の成果主義〟は、残念ながら多くの企業にとっては劇薬になりました。

多くの若者は「これで、実力で評価してもらえる」と喜んでいました。ところが、自動的に昇進できなくなると焦ったベテラン社員が多かったのです。

そこで何が起きたのか。上司は自分の評価を上げるために部下に教えなくなり、気に入らない部下の評価を低くするケースもありました。失敗を恐れて当たり障りのない仕事ばかりをするなど、多くの企業で内部がガタガタになってしまいました。

私は、欧米型の成果主義は日本にはなじまないと考えています。

日本はチームワークで仕事をするので、隣の人がライバルになる成果主義は向いていないのです。欧米はもともと個人主義が基本なので、成果主義が機能するのでしょう。

やはり、**単なる流行りものに「真実」はありません。**多くの企業が導入しているから、という理由で飛びついた企業は、かなり痛い目にあったはずです。

実は、無印良品も一時期、成果主義を導入していました。

けれども、激しい成果主義は企業にとって一番大事な「協働」や「協力」といった力を弱めてしまいます。無印良品が目指すのは、チームで業績を出すチームワーク、みなで協力し合う環境です。

そこで、協調性を保ちながら個人の実力をきちんと評価するシステムを構築しています。例えば、評価内容に部門全体の評価を配点しました。すぐれた成績を上げた部門には、賞与原資が成績に応じて配分されるのです。また、販売部門においては、お客様評価を全店で上げるため、個人目標にもお客様評価への項目を加えています。小集団活動の「WH運動」(後述)では、給与明細のウェブ化という目標を掲げた人事部門に、販売部・システム部が一丸となって達成させるような風土づくりも進展していきました。

終身雇用であっても年功序列ではない。実力を評価しても欧米型の成果主義ではない。

それが無印良品の雇用体制であり、辞めたくない会社づくりの方法でもあります。これこそ日本の企業に向いているのではないでしょうか。年功序列を排除しきれない企業や、社員の実力をきちんと評価できない企業には、ぜひ参考にしていただきたいと思います。

1章

「絶え間のない、しなやかな異動」で人は育つ

「これ」で人材育成の8割が決まる

一般的な企業の異動には、次のような傾向があるのではないでしょうか。

・将来の幹部候補生は、脈絡のない異動はない。例えば営業部のエースなら、営業関係の部署だけを経験させる

・上司が、気に入らない部下を異動させる

・優秀な部下は、本人が希望していても上司が異動させない

・人手の足りない部署に異動させる。ただし、優秀な社員は放出したくないので、異動しても影響のない人材が候補になる

・入社数年後はいくつかの部署に異動になっても、途中から部署はほぼ固定される

・辞めてもらいたい社員を閑職に追い込むために異動させる

・懲罰人事

一方、無印良品ではこのような異動をしています。

・本人が希望している異動を尊重する
・三〜五年で異動になるケースが多い
・販売部から商品を開発する部署に、販売部から物流担当に……という具合に、まったく違う部署に異動させるケースが多い
・年齢にとらわれずに若手にも重要ポジションを任せる
・困った部門にエースを投入
・部門長を新規分野に出す
・上司の個人的な感情が影響しないような異動の体制を整えている（詳細は後述）
・懲罰的な異動はない。そもそも無印良品に閑職は存在しない

なぜ、無印良品ではこのような異動をしているのか。それは、**異動で人材育成の八割が決まる**からです。適材適所を実現させれば、社員は大きく成長できます。

一昔前は、「経理一筋三〇年」といった経歴が重んじられていましたが、今はそういう時代ではありません。ゼネラリスト（いろいろな分野の知識や能力を持っている人）を目

指すべきかスペシャリスト（専門家）を目指すべきかという議論があります。

私が考えているのは両方です。スペシャリストでもありながら、ゼネラリストでもあります。ただし、浅く広く知識やスキルを持っている程度のゼネラリストでは通用しません。**自分が本筋としてやれる仕事を二つぐらい持ち、それに関しては専門度を高めるのが理想的なゼネラリスト**です。


一つの分野の知識やスキルを深めるスペシャリストは、一見強いように感じますが、ともすれば自分の部署のことしか考えられない、部分最適の社員になってしまうのです。


私はよく、部分最適と全体最適という言葉を使います。

簡単に言えば、一部分だけのメリットを求めるのが部分最適、全体のメリットを考えるのが全体最適です。部分最適を積み上げても、全体最適には絶対になりません。もちろん部分最適さえできなければ成長はできませんが、〝福〟は全体最適からしか生まれません。企業の部署やチームでは、常に全体最適を考えて行動しなくてはならないのです。

そして、全体最適の視点を持つために必要なのが、〝複数の視点〟を獲得することです。

異動によって別の部署に移れば、**今までいた部署を外側から見る機会**を得られます。

例えば販売部で、「自分が商品を売るから会社は持っているんだ」と思っている人もいるかもしれません。それは一方だけから見た発想です。商品部があるから売るための商品が生まれるのですし、商品をつくるには品質を担保する品質保証部門が活躍します。

そういった当たり前の視点も、組織の一部門で長く働いていると失われていくものです。そうなると、いくら言葉で「全体最適の視点を持て」といったところで通じません。異動で環境を変えてしまうのが、もっとも効果的な解決策なのです。

無印良品では、一度入った社員には定年まで働いてもらいたいと考えています。無印生まれ・無印育ちの社員を育てていくためにも、そのポリシーは重要です。

もちろん、社員によって能力には差がある。ただし、今までいた部署で低迷していた社員でも、他の部署で花開く可能性もあります。その可能性の芽を企業がつぶすわけにはいきませんし、あらゆる社員の可能性を引き出すのが企業の役目でもあるでしょう。

異動をうまく機能させれば、どんな社員でも育てられますし、長く働いてもらえます。

結局のところ、それが社員にとっても企業にとっても、大きなメリットになるのではないでしょうか。

「絶え間ない異動が人を育てる」5つの理由

もう少し「異動＝新しい視点を獲得するチャンス」について考えてみましょう。

無印良品の異動の大きな特徴は、三～五年という短期間で移る点にあります。三～五年といえば一通りの仕事ができるようになり、それなりに成果を上げて、自分なりの仕事の仕方や個性を発揮できるようになる時期ではないかと思います。その段階でまったく違う仕事の部署に異動となると、一から仕事を覚えなくてはなりません。

それはその社員にとって、ロスになるのでしょうか。

答えは否。ロスどころか、さらなる成長につながります。絶え間ない異動は、個々のビジネスパーソンにとって多くのメリットがあるのです。

①確実なキャリアアップ

一つの分野で経験を積むより、さまざまな体験をしたほうが確実にキャリアアップにつながります。資格をとったりセミナーを受講するより、異動がもっともキャリアアップできるチャンスになるのではないでしょうか。異動でさまざまな部署を体験するほうが、より高い専門能力を身につけられます。

例えば販売部でも、ただやみくもに商品を売っていればいいという時代ではありません。陳列の仕方、接客の仕方、包装の仕方など、多くの知識・技術が必要です。販売から宣伝販促室に異動になれば、さらに戦略的に売る方法を身につけられます。あるいは物流というまったく畑違いの部署に配属されても、「うちの物流をどう進化させればお客様に喜ばれ、店舗での作業が減るのか」という視点で改善に取り組めるかもしれません。

一つの部署しか経験できない社員より、さまざまな部署を経験した社員のほうが強いのは言うまでもありません。

②チャレンジ精神の維持

自分の成長を止めないためには、常に新しいことにチャレンジするのが一番です。

人は同じ環境に長くいると、どうしても慣れが生じて、チャレンジ精神がしぼみ、守りが多くなります。そうなると、上司がいくら「もっと冒険しろ」と発破をかけても行動に移せません。

異動で新しい環境に移れば、新しいことにチャレンジできる機会を自然と得られます。というより、チャレンジせざるを得ません。新鮮な気持ちをずっと維持できるでしょう。それまでの経験もまったく役に立たないわけではありません。今までの経験値と新しい分野での挑戦の両方を合わせれば、かなり底力がつくはずです。

③多様なネットワークの広がり

同じ部署に長くいると、普段つきあうのも同じ部署の仲間だけ、という状況になりがちです。そうなると、いつも同じような話をして、同じような仕事しかしなくなるでしょう。発展性が生まれないのです。

他の部署に異動すれば、その部署の人との新たなつきあいが始まります。今までの部署の人との関係も保てれば社内の交流が増えていき、団結力やチームワークが向上します。また、横のネットワークを築いていれば、かなりの情報網になるはずです。他部署との情報交換が活発になれば、仕事もスムーズに進めやすくなります。

④他人の立場への理解が深まる

「相手の立場になって考えてみて」——誰もが子どもの頃から言い聞かされることです。

とはいえ、「人の気持ちを考えろ」と言われたところで、人によって立場も育った環境もまったく違います。そう簡単に他人の考えはわからないものです。

異動で別の部署にいくと、今までの自分の立場や環境とは違う体験ができます。自分で体験済みになるのであれば、自然と他人の立場を理解できるようになります。

例えば、販売部と商品部では求めていることはまったく違うでしょう。販売部は「売れるものをつくらないから悪い」と考え、商品部では「いいものをつくっているのに売り方が悪い」ととらえているのは、企業でよくある話です。

どちらが正しくて、どちらが間違っているという話ではありません。立場や環境によって求めていることが違うとわかれば、「販売部が売りたくなる商品をつくろう」という発想になるかもしれませんし、「いい商品だから売り方を変えてみよう」となるかもしれません。

人の考えがわかるようになるには「相手の立場になってみる」、つまり相手の苦労ややり方を体験するのがもっとも効果的なのです。

⑤視野を広げられる

視野を広げるには、さまざまな体験をしてみるのが一番です。異動すると新しい発見の連続になるでしょうし、今までいた部署の常識が他部署では非常識だったなど、目からうろこが落ちる体験も数多くするはずです。

視野が広くなると、人の意見を受け入れやすくなります。物事の見方は一つではなく、さまざまな考え方があるとわかれば、人の意見を理解できるようになるのです。

また、視野が広くなると多くの選択肢が持てるので、一つの事例で多くのことを考慮できます。物事を判断するときの材料が増えれば、より的確に、迅速に判断できるようになるのです。

さて、異動は会社が決めるものであり、自分には決定権がないと思う方もいるでしょう。

確かに、異動願を出したところで、必ず聞き入れてもらえるわけではありません。それでも、自分がやりたいと思う仕事があるのなら、その意思をアピールし続けるのは大事だと思います。

また、自分で異動と同じような状況をつくることもできるはずです。

例えば、自ら他部署の人と積極的に交流するような場を設ける。他部署の情報を仕入れておくと、自分の仕事に活かされる場面も多いはずです。異業種交流会などに参加して、他の業界の人と交流を持つのも刺激になります。

何事も自分に関係ないと排除するのではなく、**何でも「自分事」で考えてみる**のです。「もし、自分が販売部の課長だったら」「もし、自分が商品開発担当だったら」と、仮想で異動をしてみるだけでも違います。

さらにその発想を応用して、「もし自分が経営者だったら」「もし自分が部長だったら」と仮想社長、仮想部長をしてみたってよいでしょう。

そうやって常に別の視点から見る訓練をしておけば、異動したのと同じぐらいの効果を得られるのではないでしょうか。

「風通しのよい組織」はこうして生まれた

普通の異動ではなく、絶え間なく、柔軟に異動する。これには、組織にとってもメリットが数多くあります。ここで言う「組織」とは、「企業」だけではなく、「部署」や「チーム」という単位も当てはまります。

人を育てる、というとき、例えば上司としては、短期間で部下を一人前に育てなければならないので、苦労する面があるでしょう。しかし、逆に、**一〇年間かけてじっくり育てた部下が、必ずしも戦力になるとは限りません。**もし、長期にわたって自分に合わない仕事をしていただけだとしたら、本人にとっても周りにとっても不幸な話です。短期間で、その部署で活躍できる人材なのかどうかを見極めたほうが、本人のためにもなるはずです。

何より、絶え間ない柔軟な異動で風通しのよい組織になります。情報があらゆる部署で共有できるようになり、問題が発生してもスムーズにトップに伝わるようになるのです。

無印良品の社員は、他の部署とのコミュニケーションも活発に取っています。過去に自分がいた部署とのつながりがあれば、「この案件はどう進めているの？」とすぐに確認することもできます。その結果、自分の部署やチームだけの利益を考えず、ほかのチームの立場も考えるようになるのです。横のつながりが強化されると縦割り社会の排他的な雰囲気がなくなり、連帯感が強まっていきます。普段から他部署とコミュニケーションを取っていると、全体会議などでも議論が活発になります。いい情報も悪い情報も筒抜けになるので、ミスやトラブルを隠そうという動きもなくなるのです。

特定の取引先を優遇しようとか、相性の良い上司に便宜を図ろうなどという動きが生まれれば、企業は衰退していきますが、風通しがよくなればそうした癒着も起こりません。

そうして**他チームの功績を喜び、協力しようという気持ち**が生まれれば、これほど強い組織はありません。自分の部署やチームだけの利益を考え、情報を抱えるから、風通しは悪くなるのです。自分のチームの利益しか考えないと、メンバーは自分のチームのリーダーだけを見て仕事をするようになってしまいます。

リーダーに従うのは大切ですが、考えなしに信じ込むのは危険です。そうやって多くの企業が派閥闘争に巻き込まれて、消耗していくのではないかと思います。

必要以上に密接な関係を断ち切るためにも、異動は格好の手段なわけです。

柔軟な職場をつくる「土台」

公務員が二〜三年で異動になることを批判する意見があります。

担当者がすぐに異動になるから責任の所在があいまいになる、仕事に対して責任感を持たない……などの弊害が指摘されています。

これは元々は、同じ部署に長く勤めていると取引先の民間企業との癒着が起きやすいので、短期間で異動するようになったそうです。その発想は正しいですし、うまく機能できれば組織の透明化にもつながると思います。

二〇〇〇年代に「ジョブ・ローテーション」という言葉が流行り、二〜三年を目処に社員をさまざまな部署に異動させる企業が増えました。しかし、その制度が根付いた企業は少ないのではないでしょうか。短期間での異動は受け入れる側も受け入れてもらう側も仕事の効率が悪くなり、現場が混乱します。仕事がようやく身についた頃に異動になるので、専門的な知識やスキルを高める段階にまではいかないでしょう。

そのデメリットを克服し、戦略的な異動にするには、ただ人を動かすだけでは実現できません。**柔軟に異動を実施するための「土台」を整える**必要があるのです。

ジョブ・ローテーションが機能しなかったのには、二つの理由が考えられます。

一つは、実力主義の考え方がうまく浸透していなかったこと。

もう一つは、社内の仕事の標準の明文化や共有がなされていなかったためです。

逆に言うとこの二つを導入すれば、ジョブ・ローテーションの弊害はなくなるはずです。

前著で紹介しましたが、無印良品には店舗用の「MUJIGRAM」、本部用の「業務基準書」という二つのマニュアルがあります。数千ページに及ぶ膨大なマニュアルは、どの部門に誰が配属されても、その日から仕事ができるように作業が細かく書いてあります。すべての部門の仕事がマニュアル化されているのです。

ここでも、もう少しだけ紹介しながら「絶え間ない、柔軟な異動」との関係を確認しておきましょう。

まず、この二つのマニュアルさえ読めば、比較的早く〝一人前の仕事〟ができるようになります。そして、そのために、誰かが部署から突然抜けても、現場では混乱なく仕事を進められます。引き継ぎもスムーズです。

またＭＵＪＩＧＲＡＭと業務基準書があることで「人に仕事をつける」のを防げます。「人」に仕事をつけてしまうと、その人が仕事を抱え込む恐れがあります。そうなると、その人がいなくなったとたんに誰も何もわからない状態になってしまうのです。

私は、あらゆる業務はマニュアル化できると思いますし、すべての人がノウハウを共有できるようにすべきだと考えています。**「仕事に人をつける」べき**なのです。

ＭＵＪＩＧＲＡＭや業務基準書のような全社員に共通のマニュアルがなければ、絶え間ない異動をするのは難しいでしょう。

さらにいうなら、共通のマニュアルは女性に長く働いてもらいたい企業にとっては不可欠です。無印良品は育児休暇を最大二年とれることになっています。育児休暇を終えた女性社員が復帰しても、すぐに現場に溶け込んで仕事ができるのは、ＭＵＪＩＧＲＡＭや業務基準書といったマニュアルがあるからです。復帰してわからないことがあったとき、いちいち周りの人に確認するようでは、気後れしてしまうでしょう。周りの人も自分の仕事を中断しなければならないので、双方に負担がかかります。

それがマニュアルを読めばすぐに解決できるのです。また、育休で抜ける社員がいても、マニュアルがあるから現場に混乱は生じません。この仕組みを整えてから、昇進した女性社員であっても育休をとりやすくなりました。さらに、復帰後に昇進した女性もいます。マニュアルが無印生まれ・無印育ちの社員を育てるのに一役買っているのです。

業務を〝標準化〟してしまうと、社員の専門性が高まらないのではないかと疑問を持つ方もいるでしょう。社員の向上心や個性、創造力がなくなるようなイメージもあります。

しかし、ＭＵＪＩＧＲＡＭや業務基準書は絶えずアップデートをしているので、常に世の中の流れに即した内容になっています。日々仕事を見直しているので、向上心や創造力も生まれるのです。

実際にはマニュアルは基本であり、それをもとに日々の仕事で一人ひとりが応用を考えることで仕事は回っています。マニュアルがあると、どんな社員でも一定のレベルまで早い段階で達しますが、そこから先の伸び代は、一人ひとりの力量にかかってくるのです。

伝統芸能の世界では「型」というものがあり、基本の所作が決まっています。そうした**型がない人を「型なし」**といいます。やはり、基本がなければ応用もない。どの部署に異動になっても、基本さえ学べばいくらでも応用できるということです。

そして、応用できるようになれば専門性は高められます。業務を標準化するからこそ、専門性に結び付けられるのです。

公明正大に〝後継者〟を選ぶ――人材委員会

人材育成は、企業にとって一番大事な戦略課題です。

たいていの企業では人事部が中心になって進めていますが、それでは戦略的な人事にはなりません。戦略人事を実現するには二つの方法があります。

一つは企業のトップが仕切って進める方法。もう一つは人事部の役員が、会長や社長などのトップと緊密に連絡を取りながら、企業が行くべき方向と意向を踏まえて人事制度をつくる方法です。

無印良品でも人事部だけでは戦略人事になるような制度をつくるのは難しかったので、**「人材委員会」と「人材育成委員会」という組織**をつくりました。

無印良品の人材育成は三つの層に分かれています。

一つ目は、MUJIGRAMや業務基準書を使った「マニュアルによる育成」。

二つ目は、適材適所の人材配置を実現させるための組織「人材委員会」。

三つ目は、人材育成のプログラムを考える組織「人材育成委員会」です。

この三つがあるから、無印生まれ・無印育ちの社員が、定年まで働ける環境を整えられるのです。このうち、「マニュアルによる育成」は前著で説明していますので、もしご興味があればそちらを参考にしていただければと思います。

まずは、「二つ目の層」である人材委員会をご紹介しましょう。


人材委員会は、一言で言うと経営者を育成するための仕組みです。

外部から優秀な人材をヘッドハンティングして幹部に据えるのではなく、社内で腰を据えて経営者を育てていくのだという覚悟を示すためにつくりました。

経営者になるのは、無印生まれ・無印育ちの社員にとっての到達点ともいえます。

外部から連れてきた人をいきなり幹部に据えたとしたら、その下につく社員の士気は落ちるかもしれません。そういう人事をしてしまう理由を、「うちの会社には優秀な社員がいないから」と言う経営者も多くいます。しかし、それは社員に問題があるのではなく、幹部にふさわしい人を育てられなかった経営陣に問題があるのだと私は考えています。

現場で鍛えて、実力をつけさせ、成長させるということをやってきていたでしょうか？日本の一般的な企業では、幹部クラス、さらにいうなら社長になるのは、それなりの大学の出身者で、〝エリートコース〟を歩んできたような人が多いものです。では、無印良品の現社長である金井政明はどうか。

彼は高校卒業後、長野の西友ストアーに入社しました。そこでは商品部でバイヤーを務めていました。無印良品が甲信越に進出するという話が出た時に、西友から出向して無印良品に入社。無印良品では家庭用品課で課長となって頭角を現し、私が社長に就任したときは常務でした。私と共に全国の店舗を行脚《あんぎゃ》して現場との信頼関係を築き、社長に就任後も現場主義を貫いています。

無印良品の「実力主義」は、言葉だけではないのです。現在、店舗で働くアルバイトの人であっても実力さえあれば経営者になれるでしょう。誰にでも道は開けているのです。

人材委員会では、会長、社長、取締役から部門長などの執行役員までが、そろって経営者と後継者の準備状況について話し合います。誰が幹部候補になるのか、また幹部候補を育てるためにどのような教育をしていくのかを話し合うのが、この委員会の目的です。

無印良品の人材育成「3つの層」

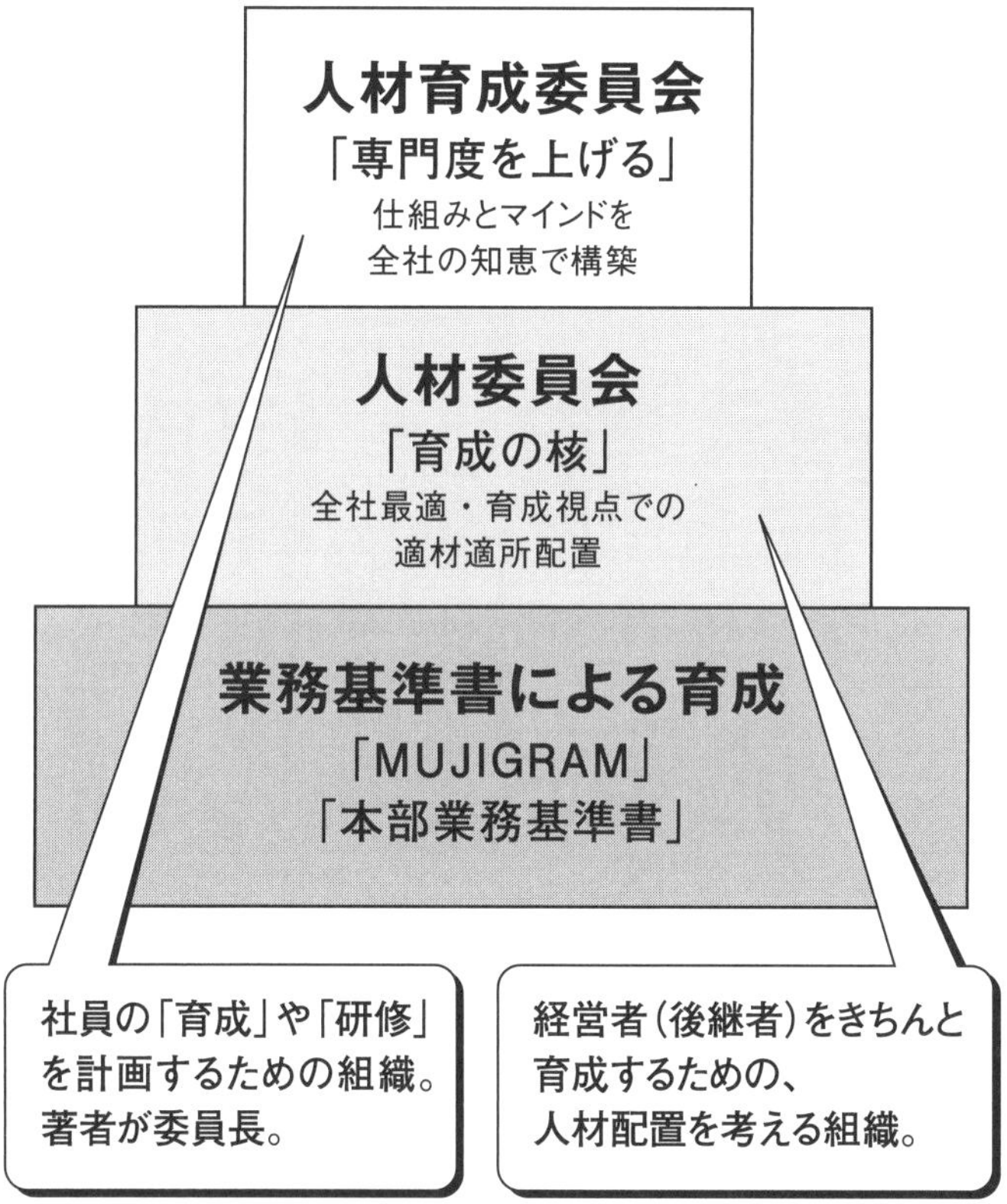
人材育成委員会
「専門度を上げる」
仕組みとマインドを
全社の知恵で構築
人材委員会
「育成の核」
全社最適・育成視点での
適材適所配置
業務基準書による育成
「MUJIGRAM」
「本部業務基準書」
社員の「育成」や「研修」を計画するための組織。著者が委員長。
経営者(後継者)をきちんと育成するための、人材配置を考える組織。

この組織構成の「目的」は……

会社で最も重要な「人材」の育成を全社視点で行い、働く仲間の生産性と働きがいを向上させる人事は、公平性と透明性をもっていることが大事です。

直属の上司としては、どうしても自分の部下だけを強く推《お》す傾向があります。するとほかのメンバーから、「いやいや、彼にはまだ早いのではないか」などと客観的な意見が出てきます。そうやって議論していくうちに、意見が集約されていくのです。

みんなが納得したうえでの評価ですので、ある社員が幹部になるという段階で、「なぜ彼が部長なんだ」と難色を示す人はいなくなります。

したがって、特定の上司に気に入られている部下が出世できるわけではありません。出身校で決める学閥の強い企業もまだあるようですが、人材委員会で話し合っていたら、そういった集団が生まれるのも防げます。

これが真の実力主義を実現させ、公明正大に後継者を選ぶための仕組みです。

今、日本に元気がないのは公明正大さが失われているのも一因のように思います。せっかく頑張って働いても、既得権益を握っている人が利益を独り占めし、コネのある人が有利になる世の中では、やる気がなくなって当然です。

言葉だけで正しさを説くのではなく、行動が伴って初めて、周りの人も信じてついていこうと思うようになるのです。

後継者リスト「ファイブボックス」は半年ごとに調整

人材委員会で後継者候補を選ぶときに使うツールの一つが、「ファイブボックス」です。これはＧＥ（ゼネラル・エレクトリック）が後継者を育成するために使っているツールを参考にしてつくりました。ＧＥも無印良品と同じく、創業者一族がずっとトップを務める会社ではありません。トップが数年で交代する企業で後継者を育てるために、ファイブボックスは最適なツールだと、私は直感的に思いました。

それから、無印良品風のファイブボックスの使い方を模索する日々が始まったのです。

このファイブボックスは、その名の通り五つのボックスに分かれています。

Ⅰ　鍵となる人材プール　明日のリーダー
Ⅱ　トップ・パフォーマー
Ⅲ　台頭する人材　次世代

Ⅳ　コア・パフォーマー　安定した市民

Ⅴ　低い　改善かローテーション

候補の対象となるのは課長以上の人材であり、この五ブロックに分けてリストアップしていきます。

Ⅰの「鍵となる人材プール」は、明日からでもリーダーになれる力量のある人材が入ります。例えば専務が事故に遭い、職務に就けなくなったとしたら、このⅠに入っている社員から次の候補を選ぶことになります。

しかし、いつでもここの箱に候補がいるとは限りません。Ⅰに入る人材がいない時期もありました。そういうときは、ⅡやⅢの人材を育成してⅠに入れることを目指します。

私の理想としては、社員の一〇～一五％がⅠに入ってくれれば合格点だと思います。

Ⅱの「トップ・パフォーマー」は、高いパフォーマンスを上げていて、部長としては存分に本領発揮している人ですが、Ⅰに入って役員になるのは厳しそうな人が対象です。

Ⅲの「台頭する人材」。ここに入る人は将来の役員候補、Ⅰに入りそうな人材であり、ほとんどが課長になります。今はまだ若いが課長としてすぐれたパフォーマンスを上げ、順調に育てば部長や部門長、さらには取締役にもなれるだろうと期待する人材です。

Ⅳの「コア・パフォーマー」。一言で言うなら、普通に仕事をしている人材です。六割の人材はここに入ります。飛び抜けたリーダーシップは持っていなくても、職務をしっかり果たす人物が対象になります。コア・パフォーマーも会社にとっては重要です。

Ⅴの「低い」。今一つリーダーシップも仕事の能力も発揮できていない社員が対象です。ⅠからⅣまでは合格ですが、ここに入ると問題ありだとみなされます。一度や二度ならいいのですが、いつもⅤに入る社員はリーダーとしての素質はないと判断せざるを得ないでしょう。以前はⅤに入る人は結構いましたが、最近はほとんどいません。


人材委員会は年二回、定期異動の二カ月前に開催します。

半年おきに実施するのは、社会の変化に合わせて会社のニーズが刻一刻と変化し、また社員のほうからのニーズも刻一刻と変わってくるからです。半年に一回見直して調整していれば、全社のニーズ、個人のニーズと連動した後継者を常に準備しておけるのです。

このように人材委員会は、あたかも一人の創業者が「新入社員で入ってきた人が定年を迎えるまで、最適な職務経験をさせる」ような効果を狙っています。良品計画は、トップは駅伝のように代わっていきますが、全役員で異動を議論することにより、一本芯《しん》の通った全体最適の異動を実現しているのです。

ただし、ファイブボックスは、人事評価に関する強制力や、判断材料にはなりません。幹部候補をリストアップし、育成方針を立てるための基準のツールなので、**評価制度と直結しているわけではない**のです。したがって、ⅠとⅤの社員で給料に差が出たりしませんし、社員本人にどこに位置しているのかを伝えたりもしません。

また、ファイブボックスは一度その箱にエントリーされたら、ずっとそのままという例も今までにはありませんでした。半期に一度見直しているので、変動があります。

Ⅴに入っていた候補者が異動した部署で今まで以上の能力を発揮し、ⅠやⅢに入る可能性もあります。その逆で、ⅠやⅢに入っていた候補者が、異動した先で思うように成果を上げられず、ⅣやⅤになる可能性もあるでしょう。もっとも、候補者を選出する方法は明文化されているので、上司の個人的な感情や一時的に目覚ましい成果を出した人が評価されるようなバラつきは、出ないようになっています。

上長が異動になれば、後任の上長の候補者に対する評価は変わってくるでしょうし、やはり長期間にわたっての観測が大事なのです。

適材適所を実現する「ファイブボックス」

パフォーマンス ＼ 潜在能力	合格	高い
高い	Ⅱ トップ・パフォーマー 10〜15%	Ⅰ 鍵となる人材プール 明日のリーダー 10〜15%
合格	Ⅳ コア・パフォーマー 安定した市民 50〜70%	Ⅲ 台頭する人材 次世代 10〜15%
	Ⅴ 低い 改善かローテーション 10%	

たとえトップが交代したとしても、全社のニーズ、
個人のニーズと連動した「後継者」を確保できる

評価から「上司の個人的感情」を排除しよう

人には好き嫌いという感情があり、それはどうしても排しきれないものです。

例えばヨーロッパに行くと、他国とはすべて地続きなので利害が衝突する場面もしばしば起こります。隣国とは心の底から信頼できる親友にはなれない、ということが前提としてあるわけです。そういう観点から、日本以外の国では、**「人とはわかり合えないものだ」という認識からコミュニケーションが始まる**ようです。

国対国ではなくても、ご近所でもトラブルは起こりますし、嫁姑問題は理屈で解決できるものではありません。すべての人が仲良くやっていくのはムリだという前提で、組織やチームは運営しなければならないでしょう。

以前、無印良品で、優秀な店長が、働いていたスタッフを全員クビにしてしまったことがありました。仕事の能力が高い人ほど、恐怖政治で自分に従わない人をバサバサ切ってしまう傾向があります。

それでは、自分の言うとおりに動いてくれる人だけを集めて店をつくって、うまくいくのか。

確かに、短期的には業績はよくなります。けれども、後から入ってきた人が店長やその取り巻きと性格的に合わなければ、すぐに辞めるでしょう。結果的に、人が長く勤められない店になり、業績は悪化していきます。

それはお店だけではなく、あらゆる企業の部署や、チームで、同様のことが言えます。**個人的な感情が入らないような仕組みがなければ、人はどうしても好き嫌いで判断してしまう**のです。

無印良品では、他の企業同様、直属の上司が部下の評価をします。

一般的によくあるのが、気に入らない部下を不当に評価する上司。それは人としてどうしても避けられない感情かもしれません。では、そのようなとき、どうすればいいのか。

評価が低い部下は、他の部署に異動させてから判断することが大切です。他の上司のもとでは、生き生きと働いて能力を発揮できるかもしれません。もし、どこの部署に異動しても評価が低いのであれば、そこでようやく〝その社員の能力〟が議題になるのです。

逆に、自分のお気に入りの部下は、ずっと高評価にしてしまうことも考えられます。それはその上司にとっての〝親の欲目〟かもしれません。やはり、他の部署に移して本当にそれだけの能力があるのかを見極めなければならないのです。

いずれにしても、一カ所だけでの評価、一人だけによる評価で判断するのは避けるべきでしょう。「本当は能力のある人材」をつぶしてしまうかもしれませんし、逆に能力がない人材を出世コースにのせてしまうかもしれないからです。

また、上司はたいてい〝甘辛の評価〟をします。AやBばかりをつける上司もいれば、BとCしかつけない上司もいます。

無印良品では、評価への最終調整は「G5（部長）判定会」が行います。これは人材委員会と同様、全役員が対象者と面談し、**上司のつけた評価を確認し、甘辛に偏っている場合はその上司に修正させます。**半年に一回評価があるので、そのたびに繰り返し注意すると、だんだん正規分布で評価するようになってくるものです。

つまり、**評価する側の訓練も必要**だということです。

それをしない限り、上司はずっと好き嫌いの相性で部下を評価します。それを放置すると、いつまで経っても甘辛が調整できない会社になっていく。調整のできない会社は弱い会社で、あまり長く生き延びられないと、私は考えています。

さらに、前述のファイブボックスで後継者を選ぶとき、「キャリパー・ポテンシャルレポート」や「個人プロファイル」といったツールも使います。

キャリパー・ポテンシャルレポートは性格判断です。

リーダーシップ、対人関係、問題解決・意思決定、自己管理・時間管理の大きく四つのカテゴリーに分けられ、さらに社交的なのか懐疑的なのか、柔軟性があるのか慎重性があるのかなど、細かく分類されています。一問一答で答えていく形式のテストで、その人の潜在的な性格があぶりだされるものです。

無印良品では、入社して二~三年目でこのテストを受けてもらっています。ただし、このテストは一回のみ。**人の根本的な性格は、教育して変わるものではない**と思っているからです。一〇年後、一五年後にもう一度同じテストをしてもほとんど結果は変わらないので、一回だけにしています。

とはいえ、キャリパーをすべての判断基準にしているわけではありません。

「この社員は社交性がないから、事務職にしよう」という使い方をしたら危険です。性格を把握するのも大事ですが、さまざまな理由で人のパフォーマンスは変わります。したがって、上司からの評価や、社内歴のほうが、参考にする指標としては重要度が高くなります。

個人プロファイルは社内歴や評価歴、行動評価などの、今までの社内での経歴が書いてある履歴書のようなものです。

この二つのツールと上司からの評価を合わせて、一人の人材を多面的に評価するようにしているのです。そうすれば、お気に入りの部下だけを昇進させることも、気に入らない部下の出世の芽を摘むこともできなくなります。

そしてこれは、部署やチームでも言えることでしょう。

「すべての部下を公正に判断せよ」といったところで、聖人でもない限り、どうしても私情は入ります。上司の人間性を高めようと努力するより、客観的に判断する仕組みをつくったほうが、公正な評価ができるようになるのではないでしょうか。

「今、パフォーマンスが低いだけ」かもしれない

「2:6:2の法則」は有名ですが、部署やチームレベルでも、必ず「2」に属する人はいます。そして多くの企業は、最下層の「2」に属する社員の育て方で頭を悩ませているはずです。

しかし、そういう社員を「仕事ができない」と切り捨てたところで、問題は何も解決しません。

こういう問題も、異動である程度は解決できます。

無印良品では、評価の低い社員は別の部署に異動させます。

その人自身の能力の問題ではなく、直属の上司との折り合いが悪くて実力が発揮できていない可能性があるからです。

例えば神経質で、部下に対しても事細かく指示を出す上司がいたとします。そういう上司のもとにマイペースで独立独歩の人が部下になると、対立が起きるでしょう。そうなる

と、上司はその部下に対して厳しく評価し、CやDをつけるかもしれません。

その上司と部下をそのままにしておくと、本当はその部下にすぐれた能力があっても、評価は低いまま。その部下をきちんと評価してくれる上司のもとに異動させないと、つぶれてしまいます。実際、**異動した先でみるみる実力を発揮し出す人もいる**のです。

たいていは異動させると問題は解決するのですが、何回異動させても何年経っても、ずっと評価の低い社員もなかにはいます。

その場合は、社員本人に問題があると判断せざるを得ません。給料を下げるという方法を採るか、役職についている社員なら降格も考えます。

課長以上に昇進しても、平社員に戻るケースもあるということです。そうしないと実力のある社員が評価されるという仕組みにはなりません。

一度きりの人生だから、無印良品以外の「別の道」を考えたほうがいい場合もあるかもしれません。すべての社員が無印良品の方針に合うわけではないでしょう。別の業種や別の企業に入ったら力が発揮できるかもしれません。もちろん、それでも無印良品で働きたいと考える社員には、働く環境を整えます。

ただ、誤解しないでいただきたいのですが、最終的に降格などの結論にたどり着くまでには、何年もかかります。異動してから一年ぐらい経たないと仕事ぶりは評価できないので、簡単に仕事ができない社員だと烙印《らくいん》を押すわけではありません。

部署やチームにおいて、異動は解決につながる一つの手段になり得ます。あるチームで力を発揮できない人でも、別のチームに入ったら成果を出せるかもしれません。リーダーはそうやって、一人ひとりの適材適所を探すのが役割だと思います。

リーダーにならないタイプの社員も、会社にとって大切な存在です。会社を支える、「城の石垣」のような役割を担ってくれるからです。ある分野のリーダーになって天守閣で活躍するわけではないけれども、企業の屋台骨をしっかり支えてくれます。

そうした社員の上司は、もう少し今の部署で上を目指して成長させるべきか、本人の性格や能力に合った部署へ異動させるかを検討するでしょう。業務基準書を使って教育したり、研修プログラムを受けてもらうこともあります。

そうした選択肢を一つひとつ選びながら、社内で人材を育てようと考えているのです。

「育てきる」仕組み――人材育成委員会

無印良品の人材育成の三つ目の層である「人材育成委員会」について説明しましょう。

人材育成委員会は、その名の通り社員の「育成」を計画する組織です。ここでは私が委員長を務めています。

多くの企業でありがちなのは、何年も同じ育成プログラムを組んでいるケース。新入社員研修でもテキストを変えずに、ずっと同じ研修をしている企業は少なくないのではないでしょうか。それは、研修の重要度や優先順位を低く捉《とら》えているからかもしれません。

しかし、**新入社員研修はもっとも大切な教育の場**です。

あなたがもし新入社員なら、これから受ける研修は社会人人生を送るうえで重要な第一歩になるのだと考えてください。

新入社員を教える側なら、新入社員は企業にとっての未来であり、もっとも大切にしなければならない財産だと考えるべきでしょう。

そもそも時代の変化につれ、新入社員の傾向は変わっていきますし、お客様である消費者のニーズもどんどん変わっていきます。その**ニーズの変化に合わせて教える内容を変えていくのは当たり前。**新入社員研修以外の、部署ごとの研修や中堅社員向けの研修でも同じです。それには企業の戦略と合わせて変えていくしかないので、必然的に人事と連動することになります。

人材育成委員会は、月に二回開きます。

一回の会合で全部門のうち半分の部門が出席します。その会合では部門長が部門ごとの人材育成方針を発表し、後に中間報告もしてもらうことになっています。**育成のための研修のプログラムは、基本的に部門長が考えます。**

部門長が自ら部下を育てるという意識を持ってもらうためにも、委員会のほうで「こういう研修プログラムで育ててほしい」と指示を出したりはしません。各リーダーがその部門の課題を見極め、何をすべきかを考えなければならないのです。

講師は外部から招いて教えてもらうこともありますが、基本的には部門長など、社内の人間が務めるようにします。また、**研修プログラムのテキストも、自前が基本**です。

ただし、一からすべてをつくるのは大変なので、リクルートさんなどにお願いして、**会社の要望に合ったテキスト**をつくってもらいます。入社一～二年目の社員向けの「マネジメントサポートブック」や、ベテラン社員向けの「経営の数字がわかるテキスト」、貿易の仕方が解説されているものなど、あらゆるテキストがそろっています。

市販のテキストを購入して教えるという方法もあるかもしれませんが、それだと会社で目指していることと内容が一致するとは限りません。その会社生まれ・その会社育ちの社員を育てるには、会社の求めている方向性に合わせたテキストをつくるほうが、確実なのです。

例えば衣料品部門で以前は、糸の知識や生地の産地の知識を外部の講師を招いて教えてもらったり、工場見学などの一年間のプログラムを組んだりしていました。そのプログラムを受ければ、衣料品の担当者として必要な知識は全部身につけられるようにしたのです。

生活雑貨部門は、オブザベーション（観察）を実施しています。お客様の家庭にお邪魔して、生活の場を見学させていただき、商品開発の参考にするプログラムです。

このプログラムでバスルームの見学をしたときに、ある担当者は「多くの家庭で使っているシャンプーやリンスのボトルは、ほとんどが丸い形状だが、作りや大きさはバラバラである」と気付きました。「棚の角が四角いのだから、四角いボトルのほうが整理しやすいのでは」さらに、「容器が透明だと、中身が見やすいのでは」――現場の見学から、四角くて透明な詰め替え用のボトルが生まれたのです。

食品部門で行っているのは、一流シェフと組んで商品開発をするというプログラム。パスタソースやカレーなどをシェフと共につくりながら、商品にできそうなものを考えています。

このように、**実務に結びつくような研修プログラム**を実施するのがポイントです。そうでなければ社員の教育になりません。学ぶ側も仕事に役立つとわかっているから、みな積極的に参加してくれます。

もし、「うちの部署の部下はなかなか育ってくれない」「うちのチームの部下は能力が低い」と思っているのなら、それは教育の仕方が間違っているのかもしれません。

日々の仕事だけですべてを教えるのには限界があります。かといって現場に即さない教育をするのは時間のムダです。本当は、社員教育はもっと徹底して考えるべきです。

「意義のある異業種交流会」を行う

「内向きの論理」は「衰退の論理」です。

社員や部下を井の中の蛙《かわず》にしないためには、外の世界を知らせる必要があります。もちろん、それは自分自身にも言えることです。

そこで、人材育成委員会では異業種の伊藤園さんやキヤノン電子さんなど、さまざまな企業の方に来ていただいて、講演会とディスカッションをするプログラムを開くようになりました。経営者クラスの方に講演していただく場合もあれば、部長クラスの方にお話を伺うこともあります。

例えば、ブルボンの吉田康《よしだやすし》社長に講演していただいたときは、私自身も勉強になるような話ばかりでした。

「提携はしないで自前でやる」

「集中と選択は嫌い、すべてに関心を持つ」

「目的地に行くには迂回《うかい》せよ、一ひねりも二ひねりもする」

こういったお話は共感したり、感嘆したりと、社員共々刺激を受けました。

さらにこの異業種交流の場を発展させて生まれたのが異業種交流ワークショップです。たいていの場合、異業種交流会はパーティーを開いて数時間談笑し、解散するというスタイルでしょう。名刺交換をしてもそこから仕事につながる機会はなかなかありませんし、自分に役立つ情報を持っている人と出会える確率は低いようです。

そのような実りの少ない交流会ではなく、**交流会が終わった後も互いに仕事に役立つ情報を交換できるようなつきあい**をつくりたかったのです。

異業種交流ワークショップは、一泊二日の会を三回実施し、都合六日間行います。ワークショップと言っても泊まりがけなので、合宿に近い感じかもしれません。

異業種交流なので、無印良品だけではなく、一七~一八社ぐらいの企業の社員が参加します。これまで参加したのはキヤノン電子さん、コクヨさん、しまむらさん、成城石井さん、ヤナセさんなど、小売業にとどまらず多業種にわたっています。

一回に集まるのは三〇名ほど。テーマはその時によって違いますが、企業研究をしたり、経営と会計の話やマーケティングなどを講師の方に教えてもらいます。戦略立案のワークショップをしたこともありました。

そして、当日まで秘密の催しもあります。参加企業のトップの方に講演してもらうのです。講演後はその方を囲んで夕食会を開くのですが、いつも参加者から質問攻めにあっています。一般のビジネスマンが企業のトップの方と直接話す機会はなかなかないでしょうから、いい刺激になるようです。


著名なコンサルタントやテレビで活躍しているタレント、政治家に講演をしてもらう企業も多いでしょう。しかし、それが仕事に即役立つかというと、そうでもない。やはり、経営者の話は経験に裏付けされているので、知恵の宝庫です。学問で知識を集積できますが、ビジネスでは知識よりも知恵のほうが役立つのです。

個人的に異業種交流会に出かけるより、部署やチームという単位で交流するほうが、一時的ではなく長くおつきあいできるのではないでしょうか。無印良品では、困ったことがあったら異業種交流会で出会った他社の方に相談している社員もいます。

他社の知恵を借りるのも、ビジネスでは大切なノウハウの一つでしょう。

「グローバルな人材」は育てられるか

人材育成委員会での総仕上げともいうべき取り組みが、海外研修です。

無印良品は一九九一年には海外一号店をロンドンに出店しました。その後、ヨーロッパからアジア、アメリカと世界各地で出店しています。

当初から、海外勤務の経験のない課長クラスの社員を海外に送り込んで、現地で一から開拓してもらっていました。そこからさらに発展させ、課長全員を海外に短期間送り込むというプログラムを二〇一一年から開始することにしたのです。

詳細は3章で書きますが、一般的に企業で行われている海外研修とはまったく異なります。

たいていの企業の海外研修は、数カ月から一年間、若手社員や幹部候補生を海外に送り込むことが多いようです。ヤマハ発動機ではたった一人で途上国へ赴任させ、市場調査を任せているそうですが、一般的には複数人を一カ所に送り込むでしょう。

研修の内容も一般的に語学の習得だったり、現地の生活習慣を学んだり、市場調査をするなど、どちらかというと海外に対するアレルギーを解消するための意味合いが強いかもしれません。プログラムは企業が用意し、宿泊施設も用意するのが普通のやり方です。

無印良品では、会社側でプログラムを用意することもなければ、宿泊施設も「自分で見つけてね」というスタンスです。同じ場所にまとめて社員を送ることはしません。異国の地に一人で放り出す、**武者修行と呼ぶのにふさわしい研修**なのです。

研修の期間中、本部でフォローすることはほとんどありません。

「獅子の子落とし」ということわざがあるように、サバイバルさせることに意義があるのです。自分の頭で考えて工夫して、「何とかする力」を養う。それが研修の目的です。

今のところ社員はみな無事に帰国し、一皮も二皮もむけてたくましくなっています。

国内でいくら社員にグローバル化を説いて聞かせたところで、実感は伴いません。やはり海外に出て、自分の肌感覚でつかんでもらうしかありません。百の言葉で説明するより、一の体験のほうが勝るのです。

2章

若手社員を「折れない社員」に育てる仕組み

「現実」と「理想」のギャップを体で理解する

入社して三年以内で会社を辞めてしまう若者が、社会問題としてとりあげられます。「そういう若者が最近とくに増えてきた」とも聞きますが、実は一五年以上も前から「三人に一人は三年以内に辞めてしまう（大卒者）」という現実があり、これは日本に深く長く横たわっている、深刻な問題なのです。

企業はコストと手間をかけて、新入社員を育てます。

入社三年といえば、ようやく独り立ちできるぐらいになった段階です。ようやく育てたと思った社員が出て行ってしまうわけですから、入社三年以内の早期離職は企業にとっては大きな損失です。

私たちはこの問題に、どう対応していけばいいのでしょうか。

それにはまず、「なぜ若者は早期離職をしてしまうのか」という理由を明らかにしていかなければなりません。

理由はさまざまあると思いますが、第一に考えられるのは、理想と現実の違いを知る、いわゆる「リアリティ・ショック」によるものです。

新社会人は、希望や理想をもって会社に入ってきます。しかし、現実の会社というのは、一見すると矛盾だらけの中で動いているものです。また、やりたい仕事があっても、そう簡単にやらせてもらえるほど会社は甘くはありません。

厳しい現実を突きつけられて、「自分が想像していた世界と違う」「自分にはもっと向いている仕事があるのではないか」と考えてしまうのです。

こういうケースには、**「現実を前もって知ってもらう」という方法が一番いい**と私は思います。

無印良品では、採用の内定者が決まると、店舗でアルバイトをしてもらいます。もちろん、仕事ですので時給は払います。

アルバイトをひと月ふた月やっていると、だいたい仕事の内容がわかってきます。

昔から無印良品のファンで店に通っていたとしても、実際に自分が店に立つと、抱いていたイメージと現実はまったく違います。立ち仕事はそれだけでつらいですし、届いた商品を倉庫に運んだり、倉庫から店頭に運んだりの力仕事もそれなりにあります。商品数が多い店では、商品をすべて覚えるのは大変でしょう。もしかしたらお客様から理不尽に思えるような文句を言われたりすることもあるかもしれません。

そういった体験を通して、**現実がじわじわと身に染みていく**のです。

さらに、店舗に配属されている社員から話も聞けるので、社内の様子がだんだんわかっていきます。そうやって事前に現場を体験してもらい、会社というものの現実を知ってもらったほうが、学生も覚悟を固めていくことができるのです。なかには、この段階で辞退する学生もいますが、入社前に合わないとわかるほうが本人にとっても幸せでしょう。

そして、晴れて新入社員になってからは組織の一員として、会社の持っている哲学や、コンセプト、価値観といったものをしっかり理解してもらわないといけません（無印良品では、そのためにＭＵＪＩＧＲＡＭや業務基準書といったマニュアルがあります）。

例えば皆さんも、会社に入ったばかりのころに、掃除やお茶の用意、コピー用紙のチェックなどの仕事を任されたでしょう。業務とは直接関係ない雑務ですから、「面倒だな」と思ったかもしれません。

新入社員には、「なぜその作業が必要なのか」「どこにどう役立っているのか」という目的や理由を考えさせ、教えてあげなければなりません。それをしないから、雑務を疎《おろそ》かにしてしまうのです。

また、新人だけに原因を求めるのは正しくありません。

例えば入社前の研修で、身だしなみについて教えたとします。

しかし上司たちの身だしなみが整っていなければ、新入社員は「やらなくてもいいんだ」と解釈します。**若い社員が仕事をサボるのは、たいてい上の人がサボっているから**です。

新入社員は、上司や先輩の行動をしっかりチェックしています。新人に教える方は、まず自分が模範となるようなことをできているのか、再確認してみるべきだと思います。

この章では、無印良品での「新入社員の育て方」を主に紹介しながら、若い社員を強く育てるために必要なことを考えてみます。

入社後三年間で、「無印生まれ・無印育ち」の社員を育てられるかどうかが決まります。鉄は熱いうちに打て。そこでうまく打てなかったら、人は育つどころかしぼんでいきます。新入社員が成長するかどうかは、教える側にかかっているのです。

なぜ入社約3年で「店長」を任せるのか

若い世代のビジネスマンは、出世を希望しない人が増えているとよく聞きます。管理職に昇進したところで、給料はあまり増えないのに責任は重くなる。仕事にこれ以上追われるのは嫌だ。部下の面倒を見るのは大変そう——そんな思いがあるのかもしれません。しかし、**「現状維持」は実は一番危険な選択**です。

今後、景気が上向く可能性があるにしても、バブル崩壊前のような好景気は訪れません。〝グローバル化〟があらゆる分野で加速し、多くの企業が海外進出に軸足を移すと考えられます。海外の投資にお金をかけたい企業としては、人件費はなるべく抑えたいのが本音でしょう。したがって、早期退職を募り、管理職ではないベテランには早々に出て行ってもらい、安い給料で雇える新人で補いたいと考える企業は年々増えています。

つまり、出世せずに今と同じように仕事をしていくことは、真っ先に切り捨てられるというリスクと隣り合わせなのです。

無印良品でのキャリアは、全国にある店舗の店長からスタートします。すべての新入社員は、入社後数年で店長になると決まっているのです。

新入社員は「商品の開発をしたい」「海外に行ってみたい」「広報の仕事をしてみたい」といろいろな理由で入ってきますが、まずはお店のスタッフとして店舗に配属されます。そして、約三年で店長になるよう目指してもらうのが既定路線です。

無印良品以外にも、飲食店や小売業では、新入社員をまずは店舗に配属して、店長を経験させている企業もあります。こういった業種では店舗がビジネスの最前線なので、現場を肌で感じてもらおうというのが企業側の狙いでしょう。

無印良品でも、「現場の大変さやお客様の声を知らずに本社に入っても、なにもできない」という考えを持っています。しかし、それだけではありません。**店長を務めさせることで、リーダーとしての視点を養ってもらおう**と考えているのです。

店長は店のトップとして、すべての責任を負う立場です。

商品を仕入れて店に並べて売る、それは仕事のほんの一部に過ぎません。スタッフを育てるのも、売り上げ目標を立てて販売計画を練るのも、トラブルが起きた時に対処するのもすべて店長の役割です。一国一城の主になるのです。

社会人としての経験は少なくても、責任を負って人の上に立たなくてはなりません。それは相当プレッシャーがかかることですし、新入社員にとっての修羅場体験にもなるでしょう。それを乗り越えられたら、社会人として一回りも二回りも大きく成長できます。

企業という単位に限らず、チームでも、誰もがリーダーの視点を持って仕事に取り組むほうが、仕事はスムーズに回ります。そのためにも、早い段階でキャリアアップさせるのは有効な手段なのです。

店の運営から考えるのであれば、入社一〇年目ぐらいの中堅社員に店長を任せたほうが安全かもしれません。最初からそれほど大きなトラブルもなく、スムーズに運営できるスキルは備わっているでしょう。新入社員は本部に配属して先輩社員のサポート的な仕事から始めてもらったほうが、本部としても目を配れます。

しかし、それでは新入社員の育成にはつながりません。

私は、**仕事は失敗しながら学んでいくもの**だと考えています。**失敗をしないような環境を企業やチームが整えてしまっては、いつまでたっても新入社員は育たない**でしょう。

失敗をしたときに、誰に相談すればいいのかを考えるだけでも、社会人として大切な訓練になります。そうやって「何とかする力」は養われていくものなのです。

新入社員は、最初は仕事ができなくても、わからなくても当たり前。新入社員を教える側がそれを受け止めて許容できないと、人を育てることなどできません。育てる側が、未来を見る視点を持つことが大切なのです。

確かに、新入社員をいきなり過酷な環境に放り出すのは酷でしょう。

無印良品でも、**最初は一スタッフから始めて徐々に環境に慣れてもらい、それから店長というキャリア**を歩んでもらう道筋を整えています。修羅場体験をさせるにしても、それなりの土台をつくってからでないとつぶれてしまいます。

また、このとき、新入社員を受け入れる側の店長には「受け入れ研修」を実施します。「新入社員が入ってきたら、この期間内に、ここまでを教えてあげてください」といったことを、具体的に説明するのです。こうした**「受け入れる側の態勢」もきちんと整えること**で、新入社員の「土台」をつくっていくのです。

そうした環境で、周りの上司や先輩が生き生きと働いていたら、新入社員も出世を嫌がるようになることはありません。結局のところ、若者が現状維持より向上を望むのは、周りの環境次第なのではないかと思います。

「部下のマネジメント」とは一体何だろう？

入社して一年半といえば、一般的な企業ではまだまだ新人扱いです。先輩の雑用をやったり、サポート的な仕事をすることが多いと思います。

無印良品では、店舗に配属されて一年半ほど経つと、「マネジメント基礎研修」がスタートします。店長になるための教育がはやくも始まるのです。

基礎研修は、「マネジメントサポートブック」というテキストと、「ＭＵＪＩＧＲＡＭ」を中心に行われます。

マネジメントサポートブックは「マネジメントとは何か」をまとめたテキストで、店長として人を育てるためのノウハウと、店長自身がリーダーシップを磨くために何をすべきかを中心に教える一冊になっています。

無印良品の店長に限らず、世の中のあらゆる企業のリーダーに通用する内容になっていると思います。**リーダーとは経営者や役職に就いている人に限らず、一人でも部下や後輩**

を持った人すべてが含まれます。

店長あるいはリーダーになると、どうしても売上目標などのわかりやすい数字に力を注ぎがちになってしまいます。しかし、人の上に立つとは、そういうものではありません。リーダーの役割には、部下を育てるという「人の側面」と、円滑に業務を回すという「仕事の側面」のふたつがあり、それを両立させなければならないのです。

そこでマネジメントサポートブックでは、その「人の側面」を教え、ＭＵＪＩＧＲＡＭで「仕事の側面」が理解できるという構造にしています。

とくに人の側面、部下の育成というのは難しくも大事な仕事です。自分の部下が今後どう成長していきたいのかをきちんと理解し、その方向に導き、そして仕事を通じて成長させる手助けをしなければならないのです。

マネジメントサポートブックでは具体的にどう育成すればいいのかも説いています。ここでは「第3章　部下育成」の「1．育成計画」の中から一部をご紹介しましょう。

部下育成（3）育成につながる仕事の割り当てをする

部下と育成目標について共有した後に、具体的な仕事の割り当てを行います。

育成のためには、本人にとって少し背伸びした仕事を割り当てることが効果的です。ただし、初めから難しい仕事を割り当てるのではなく、順を追ってステップアップすることが大切です。

その過程で部下が成功体験を積み、達成感を得ることで、自分自身の成長が実感できるようになります。

【レベル1】　今の仕事での課題解決を行う

まず、現状の仕事においての課題を克服することを目指します。現状の仕事を一通りできるようになるために、充分な体験を積ませます。

【レベル2】　多様な仕事を与える

一通りの仕事ができるようになったら、今度は仕事の種類を増やし、複数の仕事を担当させます。仕事の単調化、マンネリ感を失くし、効率性、計画性、優先順位付けなどを学ばせます。

【レベル3】　自分で判断・決定できる範囲を大きくする

仕事の計画段階から最後のチェックまで、責任を持たせた仕事を与えます。その際には、本人の能力をややオーバーした「少し背伸びした仕事」を与えます。その仕事で、視野・視点の拡大・向上、取り組み姿勢や対人面の成長、価値観や倫理観が育まれます。

ただ「部下や後輩を育てなさい」と命じるだけで、できるようになる人はいません。「部下を理解しなさい」といってみても、何をどう理解すればいいのかわかりません。

そこで、マネジメントサポートブックでは部下の何をどう把握すればいいのか、それをもとにどう教えればいいのかを具体的に解説します。

これなら、マネジメントサポートブックを初めて手にした新入社員であっても、すぐに行動を起こせるのです。

また、マネジメントサポートブックのポイントは、現場の声を集めて作られているという点です。実際に無印良品の店舗で経験を積んだ「先輩店長」たちにヒアリングをして、彼らが悩んだことや学んだことをこの本に載せています。

先述のように、研修の教材やテキストは基本的に自前で、自社に合った内容にすることがポイントです。もっといえば、研修を行う**講師も、基本的には自社の社員が行うほう**

が、より大きな効果を生むと考えています。

多くの新人店長は、先輩店長と同じような壁にぶち当たります。その際に、テキストを読めばどうすればいいかがわかり、かつ、研修を行う講師が実体験をもとに自分の言葉（会社の言葉）で語れば、理解の深さは断然違います。

無印良品の研修に使われる教材は、ただのテキストというより、店長として目指すべき道を示す指針になり得るものと言えるかもしれません。

リーダーシップは「誰でも」身につけられる

マネジメントサポートブックで展開するマネジメント、つまり経営の基礎は、普通は入社してから一〇年以上経った中堅以上の社員が教わるものでしょう。それを私たちは、入社一年半の新入社員に教えています。

なぜなら、**リーダーシップはいつでも誰にでも身につけられるもの**だと考えているからです。社会人になってからの年数は関係ありません。

これは無印良品に限った話ではなく、すべてのビジネスパーソンに通じることです。

リーダーシップというと特別な能力で、選ばれた人にだけ関係することだと思う人もいるかもしれません。しかし決して難しいスキルではなく、入社して間もない社員でも、心がけひとつで身につけられるものです。ここで、マネジメントサポートブックで提示する「リーダーシップ」の一部をご紹介しましょう。

3. リーダーシップ発揮の前提

店長としてリーダーシップを発揮するには、人を巻き込み、その人たちの力を引き出し、協力して業務を遂行するための、基本的な働きかけや心がけが求められます。その働きかけや心がけは……

・自分に対しては「自ら率先する」という態度、姿勢
・仕事に対しては「自ら問題意識を持つ」という心がけ
・メンバーに対しては「その人に関心を持ち、よく知る」「メンバーに動機付けをする」「サポートする」という働きかけ

の三つに分けて考えることができます。

これだけでは、実際に何をすべきか、まではわからないでしょう。
そこで、マネジメントサポートブックではさらに一歩踏み込んで説明します。

■メンバーを動機づける

人は自分にとって、何らかの意義やメリットを感じられないことに関しては、積極

的に力を注ぎません。人を巻き込んで仕事を進めるには、チームとして達成しようとしていることの意義やそのことによるメリットを、本気で語ることが大切です。また、メンバー個人の関心に合わせて、そのメンバーにとっての意味やメリットを結び付けて語ることも不可欠です。

具体的な動機付けの方法は、以下のようなものがあります。

①興味を持たせる

部下の特徴をつかみ、本人にとって興味の持てるような仕事の与え方や、指示の仕方をする。

②目標を自覚させる

目標をメンバー自身のものとして認識させることで、「自分事」になります。

③フィードバックをする

行動や仕事の結果をフィードバックすることで、自分を正しく評価し、次の行動の見通しがたちます。

④成功体験をさせる

成功体験が次への挑戦の意欲となります。強い成功感を持たせるためには、その部下の現在の力よりも少し高めの目標を設定することが有効です。
⑤賞罰を与える
一般的には罰より賞が効果的と言われています。
⑥競争させる
ライバル意識に訴えかける方法です。
⑦その他
強制したり協働させるなどの方法があります。

いかがでしょうか。特別珍しいことが書いてあるわけではありません。しかし、一度でもリーダーになったことがある人はピンとくる内容であるはずです。
ただし、店長になってすぐに、このマネジメントサポートブックに書いてあるすべてができるわけではありません。知識で教わるのと、実践で身につけるのとはわけが違います。このテキストの教えを吸収して、さらに自分なりのリーダーシップを確立するには、やはり二年ぐらいはかかるでしょう。知識は実践を通さなければ、本当には自分のものにならないのです。

新入社員が必ずぶつかる壁

無印良品では、入社して三年前後の社員が店長になっていきます。

店長になったら、その店のトップとしてアルバイトさんやパートさんと接しなければなりません。なかには自分より年上で、自分より経験年数の多いスタッフもいます。ところが自分自身は、すべての仕事ができるようになったとは言えない状態です。

そのようななかで、どのようにリーダーシップを発揮し、現場を回していくか。

これが新入社員にとっての最大の修羅場体験になります。

実際に、新人店長はみな同じような壁にぶつかります。

「スタッフが言うことを聞いてくれない」「年上の人にどう注意しよう」「友だち感覚で接していたら、職場の雰囲気がだらけてきた」……こういう悩みに関しては、「こうすれば解決できる」という特効薬はありません。

本人が知恵をふりしぼって、何とかしていくしかないのです。

コミュニケーションに関する問題は、すべての新人ビジネスマンにとって共通する悩みでしょう。

学生時代は、同世代の友人がコミュニケーションの主な相手になります。狭い交流関係ではありますが、学生のうちはさほど難しさを感じなかったと思います。しかし社会に出てからは、さまざまな年代の人と交流をし、話を進めていかなければならなくなります。相手の年齢や立場に合ったコミュニケーションの取り方は誰でも必要になり、それができなければ仕事は成立しません。

どこの企業でも新入社員に向けた研修で、コミュニケーションの基本は教えると思います。けれども、大事なのは実践して体験を重ねることです。

そういう意味では、前述のように、まず新人店長になる前に、平社員を経験させて、フォロワーシップを体験してもらうことが必要でしょう。「相手」を理解することなしに、コミュニケーションは成立しないからです。

その上で重要になるのが、**現場での試行錯誤です。相手の立場を理解した上での試行錯誤――これをしない限り、コミュニケーション力は身につかない**のです。

とはいえ、コミュニケーションは訓練次第で誰でも上達できます。

マネジメントサポートブックには、先輩店長がよい職場作りをするためにスタッフとどのようなコミュニケーションを心がけていたか、アドバイスが出ています。

・自分から挨拶《あいさつ》、声掛けをする
・会話をする、コンディションを把握する
・個別に話をする
・「ありがとう」を伝える
・平等に接する　　など

特別なスキルではなく、子どものころに学校で教わったようなことばかりです。人と心を開いてつきあっていくには、日頃の小さなやりとりこそ重要なのです。

そこを疎《おろそ》かにしている人が、急にリーダー風を吹かせて「あれやれ、これやれ」と命じたところで人は動くはずがありません。

そして、人としての基本ができていればどんな世代の人ともつきあっていけますし、トラブルが起きても早い段階で解決できます。

すべての基本は人間関係から。コミュニケーションでぶつかった壁を乗り越えられれば、新人ビジネスマンは大きく成長できます。そのためにも、新人ビジネスマンに、人と接する機会はなるべく多く与えるべきです。

これを読み、「そんなことはわかっている」と思った人は多いかもしれません。

しかし、できている人はどれぐらいいるでしょうか。

知らず知らず、狎《な》れあいになっている人は少なくないと思います。

若手社員育成の極意——「つかず離れず」

例えば、新人営業マンがなかなか契約をとれずに悩んでいるとします。聞くと、電話での営業が、面会のアポイントにつながっていかないとのこと。そういう部下の悩みを解消するために、皆さんは何をしてあげるでしょうか。

「自分でうまくいく方法を考えなよ」と突き放すか、「営業をする相手がうまく絞れてないよ。うちの企業ならこういうところに売り込まないと」と答えを丁寧に教えてあげるか。すべての業務を標準化するのが無印流なので、無印良品なら後者でしょう。

ただし、リストアップするところまでは教えても、そこから先は本人が考えて何とかしなければなりません。

第一声でどう言えば相手は電話を切らずに話を聞いてくれるか、どう説明すれば会って話を聞きたいと思ってもらえるか。そういったノウハウは、本人が試行錯誤して身につけていくしかないのです。

ＭＵＪＩＧＲＡＭでも、「いらっしゃいませ」「ありがとうございます」といった基本の挨拶や、電話に出るときの受け答えなどはマニュアル化しています。

けれども接客の場面でお客様にどのタイミングで声をかけるかなどまでは、マニュアルにはできません。状況によって変わってくることは、自分で考えて切り抜けるしかないのです。そのような**「つかず離れず」が、無印流の人材育成**といえるかもしれません。

無印良品には、入社したての新人研修とは別に、入社後の「フォロー研修」が設けてあります。これは入社三カ月後、六カ月後と、区切りのいい時期に行われる研修です。

入社して店舗に配属された新人は、三カ月もすれば店の大まかな仕事がわかり、周りが少しずつ見えてきます。

新人たちは、周りが見えるようになって初めて浮かんできた悩みや問題を、このフォロー研修に持ち寄ってくるわけです。

それぞれのお店で発生する課題や問題を出し合い、どうやって解決すればいいかをみんなで考えます。自分だけが抱えているように思う悩みも、集まってみるとみな同じようなことで悩んでいるのだとわかります。それだけで、「自分だけではないのだ」と安心できるでしょう。

フォロー研修では、人事部の担当が講師として、「そういう悩みはあるよね。あの年代の、あの先輩はああしていたよ」とある程度は教えます。しかし、そこで教わったことを実践するかどうかは本人次第です。

新人はみな自分なりの答えを見つけて、自分の店舗に戻っていきます。

そして六カ月経つと、別の店に異動する新人もいるので、そこから先の悩みは千差万別になります。それもみんなで議論し、自分なりの考えを述べるうちに、自分の中での課題が明確になったり、どうすればいいのかが見えてくるのです。

このようなフォロー体制を整えると、新入社員も不安な時期を乗り越えられるのではないかと思います。

もちろん、日常的に上司や先輩がフォローするのも大事です。

無印良品の新入社員も、配属先の店長に相談事を持ちかけることが多いようです。

このとき店長は、話は聞きます。しかし、無印流が体にしみついているので、手取り足取り教えてくれるわけではありません。

作業に関する悩みなら、「MUJIGRAMを読んでみて」と指導するでしょうし、「バイトがなかなか仕事を覚えない」といったコミュニケーションに関することは、「普段はどう教えているの？」「どうすれば覚えられると思う？」と本人に考えさせるでしょう。

答えを与えてしまうと、本人の考えるチャンスを奪ってしまいます。こちらが答えをあげると、得られるのは「その問題の解決策」ひとつだけです。

一方、本人に考えさせて答えを出させれば、考える力や決断力、責任感など、いくつもの経験値を獲得できます。したがってアドバイスはしても、どう行動するかという決断は、本人にゆだねなければならないのです。

確かに、教える側にとっては、全部教えてしまうほうが本当はラクです。教えずに部下が失敗したときは、自分がフォローしなければならないでしょう。しかし、それでも部下が自力で何とかできるようにするのが上司の役割です。

上司の側にも気を付けるべきことがあります。つかず離れずの絶妙の距離感で「育成」を実現するには、**先輩社員やリーダーが〝当たり前のことを、当たり前のように行っている〟ことが大切**だということです。その上で、「つかず離れず」を実践すれば、部下は早く独り立ちしますし、そのほうが結果的には上司もラクになれるのです。

新入社員を「人を育てさせて」育てる

上司にとってはまだまだ新人でも、入社二年目からは誰もが次の新入社員の先輩になり、人に教えるという機会が生じます。

そのときに上司が新人に「今年の新入社員に教えておいて」と丸投げすると、教える側も教わる側も混乱する恐れがあります。教える内容が不完全かもしれませんし、自分が間違って覚えていることを教えてしまう可能性もあります。それでは教わる側は戸惑い、教える先輩も自信をなくしてしまうでしょう。

何を教えればいいのか、どういう順番で教えればいいのか。

それらを上司が決めておけば、先輩になった彼らも、新入社員に対して自信を持って順序よく仕事を教えられます。

そして自信を持てば後輩からの信頼を得られますし、先輩としての自覚が生まれ、成長できるのです。

無印良品では新人店長になると、店内のスタッフ全員を指導する立場になります。社会人としてはまだまだ新人ですが、社員である以上、これは必ず通る道です。店舗を切り盛りするだけでなく、仕事を通じて部下を成長させるのも、リーダーの大事な役割なのです。

まだ新入社員といえる彼らに、なぜ人を育てさせるのか。

それは、**人を育てることが、もっとも人を成長させる**からです。

人に何かを教えようとするとき、教える側はその内容を深く理解していないとうまく教えられません。普段自分が何となくやっている仕事を教えるのは意外と難しく、「あれ、いつもどうやっているんだっけ」と迷いが生まれます。思わぬ質問をされ、自分が知らないことに気付く場面もあるでしょう。人に教えることによって自分の仕事を振り返り、自分が何を理解し、何を理解していないのか整理ができるのです。

さらに、相手に理解してもらうにはどう説明すればいいのか、知恵をフル回転しなければなりません。

二、三教えれば一〇を理解する人もいれば、一〇教えないと一〇わからない人もいます。その人のタイプに合わせて教え方を変えないと理解してもらえないでしょう。

何度も同じことを教えているうちに、つい苛立《いらだ》って声を荒げたりするかもしれません。教える相手との関係がギスギスして、仕事に支障を来すこともあります。逆に、なかなか仕事を覚えられなかった人ができるようになったときは、喜びを感じるでしょう。

そのような苦い体験や嬉《うれ》しい体験を通して、コミュニケーションの取り方を学んでいくしかないのです。

スタッフへの指導はＭＵＪＩＧＲＡＭを使って行います。ＭＵＪＩＧＲＡＭは仕事のノウハウがすべて詰まったマニュアルですから、これさえあれば新人店長でも人を教えることができるのです。

また、**店長にはスタッフの仕事ぶりを評価するという重要な任務**があります。それもベテラン社員が代わりにやるということはありません。新人店長にやってもらいます。

ただし、好き嫌いのような個人的な感情が入らないように評価しなければ、現場はめちゃくちゃになります。

そのために、「ステップアップシート」を使います。ステップアップシートは、「スタッフの何を評価すればいいのか」が、細かく項目になって書き出されている評価表です。

例えば、勤務シフト通りに出退勤できているか、身だしなみはルール通りにできているか、いつも笑顔で目を見て挨拶ができているか、といった働くうえでの基本的な姿勢も評価の対象になっています。また、レジや電話での対応ができているのか、売り場づくりはMUJIGRAMに基づいてできているのか、といった業務に関することも項目になっており、スタッフの成長度に合わせて指導し、評価していきます。

評価はできていなければ「×」、できているレベルに応じて「○」や「◎」をつけます。

このステップアップシートさえあれば、初めて人を教える立場に立った人であっても、的確に評価できるのです。同時に、このシートを把握していれば、スタッフに何を教えて育てていけばいいのかもわかります。

さらに、**「スタッフに目標を立てさせる」という高度なステップも新人店長に任せます。**

自分の目標を立てるのでさえ頭を悩ませるのに、人に目標を立ててもらうのは至難の業でしょう。しかし、やみくもに働いていてもなかなか能力を伸ばせません。

これは、マネジメントサポートブックとステップアップシートをもとに、目標を立てさせる指導をするようになっています。

まず上司がスタッフの育成する方向をイメージする。次に本人の希望をヒアリングして方向性や目標をすり合わせる。大きく分けてこの二段階になります。

このときにステップアップシートで本人のできている部分とできていない部分を確認します。そうすれば、「レジに慣れてきたから、次はギフトの作業をできるようにしましょう」「売れ筋比較リストを確認しながら、陳列を考えましょう」と目標を立てられますし、具体的に何をすればいいのかも見えてきます。

こうやって教える仕組みをつくっておけば、誰でも人を育てられます。

中国には「良師は三年かけて探せ」ということわざがあります。安易に、教えるのが下手な先生についてしまうと、上達するどころか、変なクセがついて取り返しのつかないことになってしまいます。最初に誰に教わるのかは重要なのです。

無印良品では、誰でも「良師」になれるようにＭＵＪＩＧＲＡＭやステップアップシートというツールを備えています。

人を良師に育てるのももちろん大事ですが、それには何年もかかります。良師として教えられるような仕組みをつくるほうが、現場の混乱を抑えられるのです。

「若手店長」の声① ひばりが丘パルコ店長　鈴木里深さん

入社前のアルバイト研修を四カ月体験した後、二〇〇九年に入社。静岡の店舗に配属され、半年後に岐阜の店舗に異動。名古屋、滋賀と転勤した後、二〇一三年にひばりが丘パルコに配属となる。入社後三年半で店長に就任。

私は他の同期入社の社員のなかでは比較的、転勤が多いほうで、最初のころは新しいお店に慣れるのに時間がかかりました。どうスタッフと触れ合えば馴染《なじ》んでいけるのだろうと、いつもそのようなことを考えている状態でした。それでも異動を重ねるにつれて徐々に慣れてくるもので、だんだん一カ月くらいで「自分の店」のように感じることができるようになりました。

最初に入ったお店では、まだ基礎しか教わっていない状態なので、「まず、アルバイトさんやパートさんと同じ仕事ができるようにならなきゃ」と頑張っていたときに、店長が売り場の一カ所を私に任せてくれたことが印象に残っています。

「半年間この場所を好きに使っていいから、鈴木さんなりの売り方を見つけなさい」と言ってくれたのです。陳列の仕方で売れるものがあったり、逆に全然売れないものがあったり。売れ筋の商品でも、色によって売り上げが違ったりします。それをきれいに一個ずつ並べるのか、売れ筋の色だけで数個ずつ並べるかによっても、お客様の反応は全然違う。生まれて初めて、商売の楽しさを体験しました。

そうこうしているうちに入社から二年半、初めて店長になりました。急に責任の重さを感じました。

店員時代は売り上げがとれなくても「あぁ、とれなかったな」で終わっていましたが、店長になった途端、「売り上げが悪いのは私のせいだ」と思うようになったのです。売り上げは全店で見られるようになっているので、自分のお店の売り上げが悪いと〝悔しい〟という思いも湧き、責任感は自然と高まっていきました。今、店長代行の後輩がいるのですが、「店長になったら何か変わりますか」と聞かれても、言葉では表せません。「まったく視野は変わるけど、それはなってみないとわからないから、早くなれるといいね」と伝えています。

◆入社してヴィジョンが広がった

私は無印良品のものづくりの考え方に共感して、入社したいと思いました。採用面接の際にも「商品部に行きたい」と言っていました。

最初は店で働くのを〝商品部で働くためのステップ〟と考えていましたが、実際に働いてみると、お店で商品を売るのが楽しくて。売れたときの喜びとか、レイアウトをちょっと変えるだけで売れ行きが違うことへの驚き、そういったことを実感できてよかったと思います。

ただ、実は入社して三年目に入るとき、「辞める辞める詐欺」のような発言を頻繁に口に出していました（笑）。

私は学生時代、建築系の大学に通っていました。周りの友だちは大学院に進んで、建築の仕事を始めた時期だったのです。私はデザインや、ものを作る世界がすごく好きなので、建築の世界で働いている友だちの話を聞いているうちに……「辞めたい」と上司に漏らしたことがあったのです。

そんな時、「Found MUJI」（生活の中で長く使われている〝よいもの〟を世界中から見つけ出して展示したり、現代の生活に合わせ作り直して発信しようという活動。東京・青山に店舗がある）ができるから、スタッフを社内公募するという話を聞きました。

私は元々、製作者の名前を出さないものづくりがいいと思っていました。Found MUJIはまさにそうで、世界で埋もれているいいものを探し出して提供する場。チャレンジしたかったので、その立ち上げの公募を受けたいと上司に言うと、「じゃあ、辞められなくなっちゃうけど大丈夫？」。「じゃあ辞めません」というように気持ちも変わり、今も辞めずに頑張っています。

とはいえ、これから海外の店舗に行ってみたいと思うかもしれませんし、宣伝に興味を持つこともあるかもしれません。入社する前はそんなに仕事の視野が広がるとは思っていなかったのですが、入社してからビジョンが広がっていったのです。そういう、何でもできる会社というか、誰にでも「チャンス」が与えられる環境であることは、無印良品の魅力だと思います。

「若手店長」の声②　ララガーデン春日部店長　田中今日子さん

二〇〇九年に入社。北千住の店舗に配属となり、柏、水戸、有楽町、深谷と関東圏内の店舗を転々とする。水戸で店長代行に初めて就き、深谷で店長に就任。今は店長になって二つ目の店舗。

新入社員としてルミネ北千住店に入った頃、まだ仕事に慣れないこともあり、毎日すごく忙しくて、なかなか店長や先輩に落ち着いて仕事を教えてもらう状況ではありませんでした。まさにずっと駆け抜けるような毎日でした。

入社後、新入社員研修が本社であり、基礎的な心得を教えてもらった上で店舗へ配属になりましたが、社員としてリーダーシップを取って行くことには最初からつまずいてしまいました。

店舗では年上のスタッフが多かったのです。でも、スタッフからは「社員」という目で見られています。しかし、まだわからないことが多いのと、できない仕事が多い中で、どうスタッフと接していったらいいのかが全然わからなくて悩みました。スタッフたちに仕事のことで怒られたこともありました。

その時期に本社で新人のフォロー研修（98ページ）があったので、講師の先生に相談しました。そのとき、「リーダーシップを取るというのは、具体的に誰かを引っ張って行くということだけではなくて、よい影響を人に与えていくことです」と教えていただいて、目からうろこが落ちました。それは未《いま》だによく思い出す言葉です。

私はもともとリーダーシップを取るのが得意な性格ではないので、そういう私でも何とかやっていけそうな道が開けた言葉だな、と思います。

それからは、むやみに指示を出すことにこだわったり、無理に引っ張って行こうとは思わなくなりました。相手の話をよく聞いて、今困っていることを聞くだけで、十分リーダーシップを発揮することになると気づいたのです。店長ももちろん私の相談に乗ってくれましたが、「こういう風にしたほうがいい」と教えてくれるというよりは、自分で考えさせるような話の聞き方をしてくれていたような気がします。このようなことを経験したことで、私もそんな風に、肩ひじを張らずにスタッフと接することができるようになったのではないかと思います。

◆やってみれば何とかなる

もともと入社のときからお店の店員や、店長になることを最終目標に考えていたのではありませんが、無印良品の商品は自分でも好きですし、「自分が気に入って使っているものを毎日扱える」という意識があるから、仕事に飽きるようなことはありません。

そうはいっても、入社直後は仕事を覚えるのに必死で、現場ではそう落ち着いて、「ああ働けて幸せだな」とずっと実感しているわけではありませんでした。仕事って、毎日駆け抜けるように過ぎ去っていくんだな……と感じていました。だから自分なりにモチベーションを保ったり、一回立ち止まって自分の立ち位置を確認しないと、流されてしまうようにも感じました。

本当に「辞めようかな」と思いつめたことはなかったと思います。しかし、もともとリーダーシップを取るのが苦手だったので、「私にこの仕事が向いてるんだろうか」「もっと違う仕事のほうが上手くやれるんじゃないか」と悩んだりはしました。

けれど、結局は「やってみればできないことはない」とわかりました。向き不向きで片付けていいわけでもないのだろうな、と。

この仕事に向いてないと思ったら、多分どんな仕事にも向いてないだろうと思い直し、とりあえず物事が前に進まなくなるまではやってみよう、と考え、そうして何とかやってきた感じです。

私はかなり人見知りでした。でも人見知りのままだとこの仕事はやっていけません。自然と相手の話をよく聞くようになって、自分で話す言葉についてもよく考えるようになりました。今では人見知りもすっかり直りましたし、それは社会人になって、無印良品に入社してから自分が大きく変わったところです。

赤点をつけられた時から「真のキャリア」が始まる

新人時代の三年間は、社会人にとって最初のキャリアを形成する時期です。

その三年間で、新人は能力を判断され、今後の伸び代をはかられます。それでは、新人時代に「赤点」を付けられた人は、そのあとの巻き返しは不可能なのでしょうか？

私は、**赤点を付けられた時点から先の働き方でこそ、真のキャリアを築いていける**のではないかと考えています。

無印良品で店長を経験したすべての社員が、うまく店を切り盛りできるというわけではありません。店長になるまでは新人にそれほど差はありませんが、店長になってから、やはり差が出てきます。

スタッフとの関係をうまく築けずに店の雰囲気が悪くなってしまったり、複数の業務をこなさなければならないのでパニックになったり。状況によっては異動で違う店に配属して様子を見ますが、それでも殻を破れない社員はいます。

もちろん店長に対するフォロー体制も整えています。エリアマネジャーやブロック店長（各地域をいくつかのブロックに分け、ブロックごとにリーダー格となっている店舗の店長）が新人店長の上司になり、相談役となります。ただ、彼らがサポートをしても、立ち直れない社員もなかにはいるのです。

しかし、そこでその社員の能力が決まってしまうわけではありません。いわゆる大器晩成のタイプで、人の上に立つのが時期尚早だったのかもしれませんし、あるいはマネジメントが苦手だとも考えられます。

しかし、そんな伸び悩んでいた社員が、本部に配属になってから、どんどん実力を発揮しはじめたという例はいくらでもあるのです。

社会人人生は長いのですから、一度の失敗ですべてが終わったと思う必要はないでしょう。いくらでも持ち直すことはできます。挫折を知らずに成功し続けている人よりも、むしろ**失敗してから生き方や働き方を変えた人のほうが、底力のある社会人に成長します。**そして、そういう人が経営者になるケースもまた多いのです。負け知らずの人より、負けを知っている人のほうが、ビジネスの世界では圧倒的に強いと断言できます。

人は何がきっかけで成長の芽を出すかわかりません。

皆さんの会社にも、同期との差を感じたり、伸び悩んでいる新人がいるかもしれません。もしそんな新人の上司であるなら、部下を長い目で見るように心がけてください。

そして、伸び悩んでいる当人なら、「この会社は自分に向いてない」などと安易に転職を考えないでください。職を変えても、おそらく今の挫折はひきずったままです。

その会社での失敗は、その会社でしか取り返せません。再び立ち上がるチャンスまで、自分から捨ててはいけないのです。

ただし、一つだけ大切なことがあります。それは人を理解しようとする姿勢です。

相手のことを考えられない人は、何をやってもうまくいきません。仕事は一人で進めるものではなく、同じ部署のチームのほか、他部署とも、取引先とも連携をとって進めていかなくてはならないのです。

コミュニケーションの取り方の上手下手にかかわらず、相手の考えを理解しようとする姿勢があれば、いくらでも復活できるでしょう。失敗したからこそ誰よりも相手を思いやることができるのでしょうし、自分の力を過信せずにすむのです。

3章

自分で「何とかする力」を強化する一つの方法

かわいい子には、とことん旅をさせよ

部下に仕事を任せられない。うちの部下は頼りない。

そんな不満を抱いている上司は多いと思います。

テレビドラマなどでは、「責任はオレがとるから、思う通りにやれ」と部下の背中を押す上司が出てきますが……それはドラマの中の話でしかないのでしょうか。

上司は「部下に仕事を任せる」のも仕事のうちです。仕事をトラブルなく進行させることも重要ですが、部下が独り立ちするよう導くのは重要課題です。

上司の思い通りに部下を操縦するのではなく、部下一人で仕事を操縦できるようにするためには、上司の「任せる力」が問われます。あなたも、今まで誰かがフォローしてくれたから、成長できたのだと思い出してください。

一昨年の一二月、三〇代の課長を、タイの事業所（MUJI Retail <Thailand> Co.,

Ltd.）の社長に任命しました。

彼はその月末に赴任をし、お正月はタイで迎えました。決定から一カ月もかけずに海外への単身赴任を決め、家族は後から合流することになりました。事前準備などほとんどできなかったでしょう。英語もほとんど話せない状態でした。

無印良品は二〇〇六年にはタイに進出し、現在一〇店舗になりました。今まではタイの百貨店とライセンス供与の契約を結んでいましたが、一昨年その百貨店とともに合弁会社を立ち上げることになり、彼を社長に抜擢《ばってき》したのです。

それまでは、中国でつくった商品を一度日本に送り、日本からタイに輸入するという方法を取っていたので、タイの無印良品では日本の価格の二倍〜二・五倍で商品が売られていました。これではなかなか現地の人には買ってもらえません。

そこで、彼は調達コストを下げるために、中国やベトナムなどの工場でつくった商品を直接タイに届けるシステムを整えました。アイテムの三分の二ぐらいの商品の価格を二〇％下げたところ、売り上げがぐんと上がったのです。そのうえ、工場から店に商品が届くまでの日数も大幅に短縮できました。

やはり、こういった改善は現地に足を運び、自分で問題点を発見して対策を練らないと、なかなか実行できません。日本の本部から言われたままに動くだけでは、思い切った対処はできなかったでしょう。

無印良品では、**まだ事業所も何もない地域に、いきなり一人で行ってもらう**のはよくあるケースです。海外に行ったことのない社員であっても、対象になります。

もちろん、海外の出店のペースが速いので、ほかの国で経験を積んだ社員に任せたくても人手が足りないという事情もあります。けれども、**海外経験のない社員であっても、そこで一人で切り開いていけるだろうという信頼感があるから送り出す**のです。

海外赴任の経験者に新たな地域を任せてしまうと、その「社員」に仕事がつくことになります。その社員が海外で働くノウハウを身につけるだけで、他の社員には身につきません。「仕事に人をつける」ためには、経験ゼロの人物を送り込むのがベストなのです。

海外にいきなり放り出されると、相手の立場がわかるようになります。

現地ではカルチャーショックの連続で、日本の常識は世界では通用しないとわかるでしょう。国によって言葉はもちろん、食べるものも生活習慣も働き方もまったく違います。

言葉も常識も通じない相手と、どのようにコミュニケーションを取ればいいのか。そういった修羅場体験を通して、相手を理解しようという意識が生まれます。コミュニケーションは一方通行では成り立ちません。自分の考えを相手に伝えることより、相手の考えを受け止めるほうが重要なのです。その意識は日本に戻ってからも大いに役立ちます。

この章では、無印良品の海外赴任と海外研修の方法をご紹介します。

「任せきる」というのは、それほど簡単な話ではありません。リスクを軽減するなら、何人もの社員を同時に現地に送り込んで、みんなで検討させるほうが安全です。

しかし、それでは「自力で判断する」という力が身につきません。一人であれこれ知恵を絞る体験で鍛えられるから、一回りも二回りも成長するのです。

無印良品があえて過酷な環境に社員を送り出すのは、修羅場体験こそがもっとも人を成長させ、人間力を高めると思うからです。私自身の経験からも、若いときに苦労した人ほど、人間力が高まるのだと実感しています。

皆さんも自分の会社で海外に行くチャンスがあるなら、思い切ってチャレンジしてみるのをお勧めします。そこまでしないにしても、自分の成長が止まっていると感じたら、あえて修羅場に身を置いたほうがいいでしょう。**人は自分を甘やかすのは得意ですが、自分に厳しくするのはいくつになっても難しい**ものです。

「一人きりで何とかする」経験をしたことがあるか

以前、香港の責任者として、ベテラン社員を現地に送り込みました。彼は英語を話せなかったので日本語を話せる現地の社員をつけたのですが、これはいい結果を生みませんでした。日本語を話せる現地社員が秘書役になってしまい、現地の人とのやりとりはすべてその社員が仲介していたのです。

ベテラン社員本人が直接話そうとしないので、いつまでたっても現地の人との間には溝ができたまま。コミュニケーションを取らないことには、相手の気持ちもわかりませんし、その背景にある文化や歴史、生活習慣の違いも理解できないのです。

かといって、英語を話せる人が実務で優秀とは限りません。英語に堪能な社員を海外に派遣したこともあるのですが、現地の人とコミュニケーションはとれても実務では期待していた成果を出せないこともあります。

英語などの外国語を話せなくてもいい。ただし、現地に行ったら何とかして現地の人と意思の疎通を図ろうとするコミュニケーション力が大事だ、と私は考えています。

海外に行く前に、英語か中国語のレッスンを受けられるように体制を整えています。しかし、そこで教えられるのは基本的な会話だけ。言葉は使わないと身につかないので、いくら例文だけを覚えても、それだけでは不足です。

例えば、現地のスタッフが作業の途中で「終業時間になったので、帰ります」と中途半端な状態のままで帰宅しようとしたとき（これは実際にあったことです）、どう説明して引き留めるか。それはレッスンで教えられることではなく、身振り手振りで何とかわかってもらうしかありません。言葉が通じないなら絵に描いて説明してもいいでしょう。

そうやって工夫をしながら必死でコミュニケーションを取ろうとするうちに、自然と現地の言葉を覚えるようになっていきます。やがて冗談も言い合えるようになるでしょう。

コミュニケーション力は、相手を見極められるかどうかで決まります。

国民性、年代や性別による傾向はありますが、個人差が大きいので、その相手を研究しなければなりません。

普段から、相手の考え方、特性、クセ、好みなどを把握する訓練をしておくべきです。

さきほどの、作業の途中で帰ろうとしている人が、家族との団らんが大切だと考えているなら、その考えを尊重しつつ、「一〇分だけ残ってもらえないか」と交渉する方法もあるかもしれません。相手が「決められた時間内だけ働けばいい」と考えているなら、時間内に終わらせるように指導する方法が考えられます。

このように、**一つの問題解決にいくつもの選択肢を持っている人が、コミュニケーション力があるといえる**のです。

大人数の前で話ができるのはプレゼン力が高いのであって、コミュニケーション力とはまた違います。コミュニケーションは「相手を深く理解しようとする」力であり、そこには互いの意思をキャッチボールする力が求められます。これは一朝一夕で身につくものではないでしょう。しかし、このコミュニケーション力があれば、どこでもやっていけます。それこそ、グローバルな人材に必要な能力なのです。

海外赴任や海外研修に行ってもらう社員のうち、挫折してしまう社員もいます。

現地の人とのコミュニケーションをうまく取れない人もそうですが、**リスクを取る覚悟のない人は、やはり壁にぶち当たってしまう**のです。

例えば日本の物流は優れているので、天候不順など大きなアクシデントがない限り、スケジュール通りに荷物を運んでくれます。しかし、海外では連絡もなく数日間遅れるのはよくある話です。

そういう場面でいちいち日本の本部に連絡をして、「商品が届かないんです、どうしましょう」などと判断を仰ぐようでは、現場はますます混乱するでしょう。自分で現地の工場まで足を運んでトラックを出すよう説得するなり、他の商品で穴埋めするなり、その状況でできることを考えてやるしかありません。自分で判断する自信がなく、リスクを取れない人は、最後まで右往左往したまま終わります。

そういうタイプの社員を再び海外に送るのは難しいので、それ以降は国内で仕事をしてもらうことになるでしょう。ただ、一回の失敗で会社員人生が終わるわけではもちろんありません。人とのコミュニケーションが苦手でもできる仕事はありますし、そういった部署で再チャレンジを図ってもらう方法もあります。

自分のことを知る人が誰もいない場所に、一人で放り出されるので、社員は不安や孤独感でいっぱいになります。

とくに拠点をこれからつくるために赴任した社員は、現地で法人を立ち上げるところから始めなくてはなりません。現地で信頼できるコンサルタントや税理士などの専門家を探すか、既にその地域に進出している日本企業に相談に乗ってもらうなど、それも自分で方法を考えて手探りで進めていくしかないのです。

そして店を開くときは現地でスタッフを雇って教育もしなければなりません。

「経営者視点で考えろ」と言います。無印良品の海外赴任では、経営者視点どころか経営者としての実体験をできるのです。その体験があらゆるビジネスで通用するのは言うまでもありません。もし定年後に何か事業を始めるときも、必ず役に立つはずです。

海外赴任をしなくても「何とかする力」はある程度身につけられます。

大きなプロジェクトにチャレンジしたり、今まで避けてきた仕事に取り組むなど、**困難な道を選べば、何とかしようとする力は生まれます。**逆に、困難を避ければ避けるほど、人は退化していきます。どんな時代でも生き抜く底力を養うには、何とかする力を磨くしかないのです。

「海外駐在」の実例①　販売部東京西エリアマネージャー　秋田徹さん

一九九八年に入社。エリアマネージャーなどを担当してから二〇〇七年に海外事業部に異動。海外では法人の立ち上げから携わることが多く、北京、ジャカルタ、マニラなどに単身で乗り込んで海外拠点を築いている。

僕はもともと海外で働きたいという思いはあったので、かねてより海外に配属してほしいと要望を提出していました。二〇〇七年に海外事業部に異動になった直後、中国・北京に行くという内示を受けました。ただし、出発までは準備期間が思った以上に短かったのです。海外勤務は望んでいたこととはいえ、さすがに実際に渡航することになると慌てるものです。しかも、その出発期日はすぐそこ、という状況でした。当時は子どもが生まれて一カ月しか経っていなかったので、家族と離れ離れで暮らすのはさすがに少し寂しさを感じました。

北京での任務は法人の立ち上げです。まだ当時は北京には進出していなかったので、その拠点をつくるのです。会社もなく、スタッフも駐在員もいない状況で、身一つで乗り込みました。そんな状況なので、最初の仕事は自分の部屋探しです。最初の半年間は自宅兼事務所にしていました。その後、現地ではスタッフを九名雇いましたが、彼らは毎日僕の部屋に出勤して、仕事をします。いつの間にか冷蔵庫には彼らの食料が入っていて、台所もリビングも彼らが使うものが増えていく。まるで合宿所のような雰囲気になっていきました。中国語はまったく話せなかったので現地に行ってから習得するしかありません。幸い中国人スタッフのうち二人は日本語が話せたので、毎朝八時から八時半は中国語を教えてもらい、八時半から九時は僕が日本語を教えて、互いの言葉を覚えることにしました。

◆心を開いてからは家族同然のつきあいができた

中国に行った人は、二つのタイプに分かれます。中国の環境にすぐに慣れ、イキイキと現地で成長する人と、なかなか環境になじめずに、少し疲労を感じてしまう人。僕は、社内でも楽しく駐在期間を過ごしたほうの代表みたいな感じで、まったく苦痛ではありませんでした。

もちろん試行錯誤しないといけないことは多々あります。例えばスタッフに「わかりましたか?」と聞くと、「わかった!」と、みな元気よく返してくれます。ところが「仕事できたよ」と呼ばれて「そうか、ありがとう」と見に行くと、できていなくてガックリくることも。しかしそういうときも、中国の人はメンツを重んじるので他の人がいる前では叱れない。だから、ぐっとこらえて「ありがとう、仕事は終わったね。少しあっち行こうか」と別の場所へ移動して、それから、いろいろと諸注意を伝え直し、もう一度やり方を教えたりするのです。

中国の人と信頼関係を築くことは簡単ではありません。けれど、本当に心と心が通じ合うと日本人同士よりも親密になり、絶対に裏切らないだろうと思えるくらいの強固な関係が築けます。

最初のころは事務所で一緒に暮らしていたようなものなのでスタッフとは家族同然のつきあいができました。ぶつかり合ったりもしましたが、腹を割って話せる仲になったのです。

中国の一号店ができてからも、無印良品のコンセプトを、数えきれないぐらいスタッフに伝え続けました。なかなか伝わらないもどかしさを、何度も感じました。

今、当時僕が教えたスタッフのうち、何人かは今でも現地の無印良品で働いています。一号店の店長になった人は、現在北京の地区マネージャーになり、アルバイトで入ったスタッフの一人は、東北地区のマネージャーに昇進しています。今は、彼らが中国で無印良品のコンセプトを伝える側に回ったのです。そういう話を聞くと、「苦労してよかったな」としみじみ思います。

海外赴任が終わり、今はエリアマネージャーとして現場に出ています。海外に行っていた五年間で、本当に大きく視野が広がったと思います。海外では無印良品のコンセプトを積極的にお客様に伝えないとわかってもらえませんが、では日本では簡単なのかと言えば、そんなことはありません。

日本でも、無印良品のコンセプトをわかりやすくお客様にお伝えすることは、企業価値を高めるためにも重要な活動だと思いますし、コンセプトを伝えるということで考えれば、店舗が担う役割やスタッフ一人ひとりが正しくコンセプトを理解することの大切さも、改めて強く思うことの一つです。

「海外駐在」の実例② 有楽町店長 新井真人さん

一九九七年に入社後、店長を数店舗で経験。海外事業部に異動後、台湾や韓国などのアジア圏の他、イタリア、フランスと欧州中心に現地支社長や法人立ち上げを担当する。初進出となる中近東のドバイやクウェートの立ち上げを担当。

私は父親の仕事の関係で、二歳から一二歳ぐらいまで南米で育っています。そのため、ラテン系の言語になじみがありました。住んでいたのはペルーとブラジルで、スペイン語、ポルトガル語が使われていましたが、どちらも後に赴任をすることになるイタリアの言語によく似ています。そういう下地がありましたが、それでもイタリアに赴任して、現地の人とやり取りをしながら言語を習得していった部分が大きかったです。最初に赴任したミラノでは、四年半ずっと日本人は一人という駐在体制でしたので、会社の立ち上げから出店まですべてをやりました。人事、経理、宣伝、販促までを一人でやらないといけなかったのです。元々海外に行きたくて無印良品に入ったので、米国公認会計士の勉強はしていましたが、人事や宣伝のことはまったくわかりません。そこで、現地で弁護士さんやコンサルタント、会計士さんに会いながら勉強しました。

その経験は日本に帰ってからも随分役立っていると思います。会社をつくるにはどういう部署が必要で、それぞれの部署はどういう役割を担うのか、どう協力すればいいのか、組織の全体を俯瞰《ふかん》して見られるようになりました。経営者としての視点を養えたということですね。ただ、現地で日本人一人という体制なので、誰とも情報共有できず、自分にしかわからないことがけっこうありました。その状況が駐在員を置く各国でも同様に発生していましたので、私がいた時代に、ヨーロッパの本部であるロンドンでホールディングカンパニーをつくり、そこで各販社を統括する形に変えました。

それ以降はできるだけ、ロンドン本部と情報を共有するようにしました。各販社で今起きている問題を週次で報告し、情報を共有、ジャッジするという体制を整え、今もそれは続いています。

もう一つ勉強になったのは、海外では雇うときに人を見極められるかどうかで、けっこう運命が決まってしまうところがあるということです。

ヨーロッパはかなり個人主義なので、一人ひとりが自分で考えて動けます。ただ、個が出来上がっているので、教育で鍛えられる部分はけっこう少ない。しかも、ラテンの国は労働者保護を基本とした法律なので、一度雇ったら辞めさせられません。そのため役職につくような人は事前に調査をしますし、スタッフも半年ぐらいの試用期間で見極めてから雇うようにしています。けれども、試用期間が終わった瞬間に豹変《ひょうへん》することも……日本人のスタッフは規律正しく動くことができますが、周囲の意見を気にしすぎるタイプが多いので、どちらも一長一短ですね。

◆ＭＵＪＩＧＲＡＭがあるから意思の疎通をしやすい

現地でスタッフを指導するときによりどころになるのは、やはりＭＵＪＩＧＲＡＭです。けれども、国によって法律が違うのでフォローできないところもありますし、反対に現地のやり方で参考にできるところもある。このオペレーションは日本の方法を使おう、現地のやり方にならったほうがいいところは変えようと、臨機応変に対応しました。例えば、ＶＭＤ（ビジュアルマーチャンダイジング）という、お店のディスプレイを視覚的に演出する手法があります。お店をつくるにあたって全スタッフが知っておく必要があるので、台湾や韓国での立ち上げの際、またイタリアやフランスでもスタッフを指導するときは、日本語のＭＵＪＩＧＲＡＭを要約したものをつくり、配りました。そういうマニュアルがないと、Ａという店長とＢという店長で、お店のつくり方が違って、個人商店みたいになってしまい、無印良品のアイデンティティを出すのが難しかったです。

業務については、ＭＵＪＩＧＲＡＭで基本を示し、信頼できるスタッフへ業務を委任していくことで、自分が抜けても現地のスタッフで回していけるようにすることができました。ラテンの国は人と人とのつながりをすごく重要視するので、どれだけネットワークを持っているかで、仕事が円滑に進められるかどうかが決まってきます。肩書きは関係なく、人対人の付き合いができるかどうかが非常に重要です。だから後任には業務よりも、人の紹介に重きを置いて引き継ぎをしていきました。

「海外駐在」の実例③　流通推進担当　業務管理課長　松延実成さん

新卒からゼネコンなど他業界に勤務後、一九九六年に中途入社。店舗の配属になり、数店舗の店長を経て、二〇〇九年に物流部門に配属。二〇一〇年の九月から三年間、中国へ赴任した。

中国では物流とシステムの担当をしていました。当時、店舗の数はそれほど多くはなかったのですが、中国はとにかく国土が広いので、各店舗に滞りなく商品を届けられるシステムをつくらなければなりません。商品を保管し、必要に応じて小分けして店舗に配送する。その流れを担う現地の物流会社と一緒に無印良品の物流ノウハウをつくるのが、僕の仕事でした。ところが、最初の一〜二カ月で、日本的な考え方でやっていたらとても無理だと気づきました。

やはり、日本人と中国人は思想がまったく違う。日本人は箱にものを入れるときはきちんと収まるように入れるのが一般常識です。ところが、中国の人はTシャツの上に靴を無造作に入れたりもする。しかも商品の縦横をそろえずに入れるから、フタが閉まらない。それでも無理やりフタを押さえ付けて、ガムテープを貼って閉めてしまう。そのような状況だったので、まずは箱にきれいにものを詰めるところから教える必要がありました。でもそれは環境や常識が違うから、仕方のないことです。

こういうとき、「うちの会社ではこういうやり方をしているから、従ってくれ」と指導したところで聞いてもらえません。「こうしたほうがやりやすいし、これができる人は、仮にうちを辞めたとしても、特技になる」とメリットを伝えなければ、「やってみようか」という気にはならないものです。

中国の人は合理的なので、僕らがやってほしいことと、彼らの利害が一致しない限り、なかなかやってもらえません。だから、彼らのメリットを最初に提示して、やってほしいことを伝えるという方法を取りました。常に、日本人と中国人の合理性の重なる部分を探すのです。

中国に行って思ったのは、海外の人にも通じるような、わかりやすいマニュアルをつくらなければならないということです。MUJIGRAMは中国でも使っていますが、日本のMUJIGRAMを翻訳しただけでは、伝わりきらないところがある。「お客様にお声掛けするときは、大声で叫ぶのではなくて、そばに寄って話しかけて」とアドバイスすると、ピッタリと背後について、普段と変わらないボリュームで話しかけたりします。日本人の「そば」と、中国人の「そば」の感覚は違うのです。

だから、どんな国の人が読んでも迷いがないように、「お客様から五〇㎝のところに立つ」ということをイラストや写真で説明しなければならない。アメリカは多民族国家なので、字で説明するのではなく、ピクトグラムという絵文字で説明します。そのような感じで、MUJIGRAMも最終的にはすべてイラストでやらないといけないのではないかな、と思いました。

◆慣れない土地でも何とかなる

一人で物流を取り仕切らなければならなかったので、プレッシャーに感じることもありました。中国では物流の仕組みをゼロベースからつくりあげなければならなかった。大変なことも多かったですが、経験させてもらってありがたいと今は思います。

とにかく〝起点〟をつくらないと、そこから先の〝座標〟がつくれません。次の担当者がまた起点をつくるところからやるのは大変なので、たとえ問題があってもいいから「とにかく起点は打とう」と思いました。そこから先は後の人が少しずつ直していけばいい――それくらいの気持ちでないと、一から拠点（起点）はつくれません。最後には「やればどうにかなる」という気持ちになっていました。

人はどこに行っても慣れるものだし、言葉が通じなくても何とかなります。帰国後、物流部門に配属されたのですが、みんなからは「人の話を聞くようになったね」と言われました（笑）。それまでは自分の言いたいことばかりを伝えるのに懸命になっていたのだと思います。逆に日本では言葉が通じる分、見えなくていいところまで見えたり、中国では考えられないくらいの配慮をしてもらえたりします。日本に帰ってからはその違いに少し戸惑っているくらいです。

海外短期研修は計画作りから「本人任せ」

無印良品は、二〇一一年から課長は全員海外研修に行かせる試みを始めました。期間は三カ月間。**どこの国に行くのか、そこに行って何をするのかは本人に決めて**もらいます。

現地で滞在する場所も自分で探してもらいます。ホテルに住むのか、アパートを借りるのか、そこから自分で考えなければならないのです。

予算は年間二〇名で四〇〇〇万円程度。一人当たり二〇〇万円ほどの費用になります。

基本的に社員達は、無印良品が既に店舗を開いている地域を選び、今の業務に関係するような計画を立てることが多いようです。しかし、現地の無印良品で業務をするよう人材育成委員会から指導することはありません。無印良品とは関係ない企業や店で働くのも認めています。

無印良品の海外工場視察や新しい工場を開拓するという計画を立てる社員もいれば、

「パスタソースを開発したい」とイタリアに行き、三カ月間ひたすらパスタだけを食べていた商品開発部の社員もいます。商品開発のヘルス&ビューティを担当する者は、ヨーロッパのフレグランスやスキンケア商品、オーガニックの商品などを調査するために、各地を飛び回っていました。

計画を立てて事前に人材育成委員会に報告してもらいますが、そこでストップをかけたりしません。予算は、具体的に何に対してどれぐらい必要になるといったプランを事前に報告する義務はなく、各人が旅先でコントロールすることになります。もし突発的な事態が起きて途中で予算を使いきっても、その時点で帰国させたりしませんし、社員が追加分を負担する必要もありません。

完全に自主責任主義。**お金は出しても、本部では一切口出ししないのが無印良品流・海外研修**です。

課長が日本にいない間、代理で誰かを課長にするという考えは一切ありませんでした。したがって、海外研修を始める前、「課長が三カ月も会社を離れたら現場は混乱する」という反対意見も多くありました。課長自身は仕事を丸投げして海外に行くことに不安を覚え、部下も「課長から指導してもらえなければ困る」と当惑していたのです。

しかし、こういうときのために業務基準書があります。業務の標準化がなされていれば、誰が何カ月抜けていようと仕事を回せるのです。

「課長専用の業務などないのだから、部下が手分けして補佐できるはずだ」と言うと、ようやく納得していました。研修を終えて帰ってきて、滞りなく業務が回っているのを見て、そこで課長たちは「自分が抜けても仕事は回るんだ」と実感するようです。

実際には、課長が海外研修に行っている間、部下はメールで相談事をしていたりすると聞きます。しかし、課長は遠い場所から細かい指示など出していられないでしょうし、海外は時差があるので部下も返事が来るまで待っていられません。自然と部下は自分で判断して行動するようになっていくはずです。

海外短期研修は、課長自身だけではなく、残される部下にとってもいい試練になるわけです。部下もこの先ずっと部下の立場でいられるわけではなく、いつかリーダーとして独り立ちする時期が来ます。その疑似体験ができるようなものでしょう。

研修中は基本的に本部から課長たちに連絡をすることはありませんし、そもそも経過報告はしなくていいと伝えてあります。ですので、海外で仕事をせずに遊んでいても、本部にはわかりません。そこから先は本人の問題で、この研修期間を活かすも殺すも自分次第なのです。

とはいえ、研修から帰ってきたら、そのときはじめて人材育成委員会で報告してもらいます。

私も社長の金井も出席するのですが、この席が本当に楽しみです。一回りも二回りも成長した課長たちに会えるのですから。なかには日焼けして真っ黒になっている社員もいます。

そして、研修の〝本番〟は帰国後です。

海外研修の体験を日常の業務で活かせてはじめて、研修の成果を出せたといえます。新しい商品のアイデアを提案したり、海外のマーケティングを取り入れるなど、ダイレクトに業務に活かすことだけが成果ではありません。

常に問題を発見して、自分で考えて解決しようとする意識。トラブルが起きても逃げずに立ち向かう覚悟。相手をより深く理解しようとするコミュニケーション力。こういった力を発揮できるようになるのが、一番の成果だと言えるでしょう。

「自社の良さと悪さ」を外から確認する

四年ほど前、産業能率大学の調査で、「海外勤務を望まない新入社員は二人に一人だ」というデータが話題になりました。現在もそれほど状況は変わらないでしょう。

若者の内向き志向が問題視されていますが、今は日本にいてもあらゆる国の情報はインターネットで手に入れられますし、世界中の料理を食べられるうえ、生活も豊かです。海外に行きたい理由がそれほどないというのが本音ではないかと思います。

しかし、本人に〝理由〟がないとしても、海外へ身を置く〝意義〟は必ずあります。

自分の肌で感じることなしに、海外の状況を本当に知ることはできません。

逆に、海外でもまれる経験をしていないと、海外の市場への意識が希薄になり、もしかしたら外国への〝苦手意識〟が生まれるかもしれません。

そもそも海外短期研修を実施しようとした目的の一つには、「日本だけを見て仕事をしないようにする」というものがあります。無印良品の場合はとくに、これから海外の店舗数が日本と同数、あるいはそれ以上になります。そのような時代に、個々の社員が、海外を視野に入れようとしない「抵抗勢力」になる危険性を除去しなければなりません。海外に身を置くことが〝普通のこと〟であるという感覚をつかんでもらいたかったわけです。

海外に身を置くことは、他にもメリットがあります。

海外赴任や研修を通して、自分の会社を外側から見る機会が生まれるのです。

無印良品も海外の出店ペースが年々速くなってはいますが、まだまだ世界的な認知度は高くはありません。そのなかでも、フランスは出店が成功している国の一つです。元々日本文化が高く評価されているからなのか、ＭＵＪＩは日本の禅や茶道と同じ精神があると理解されています。一方で、中国のお客様は「無印良品の商品だから買っている」というよりは、「日本製だから買っている」人のほうが多い状態です。

そのような、無印良品を知っている人がほとんどいない場所に行って、現地の人に無印良品を知ってもらうためには、自分がどれだけ会社のことを理解しているのかという問題に直面します。無印良品のコンセプトを、どこまで的確に伝えられるのか。なぜシンプルなデザインの商品ばかりなのか、どの店舗でもレイアウトが決まっているのか。

もし現地のスタッフが「こうやって陳列したほうがいい」と勝手にレイアウトを変えて

しまった場合、無印良品の理念を含めて説明しなければなりません。その担当者の話した内容が、この先その国で無印良品のブランドのイメージとして定着していくので、中途半端なことは言えないわけです。**自分の理解度を試される、いい機会**になります。

外国人と話しているときに日本の文化や歴史について聞かれ、何も答えられないという話をよく聞きます。自分がいかに知らないかは、外に行かないと気づかないものです。

皆さんも、取引先と接しているときなどに、自社の良さや悪さを感じることはあるでしょう。愛社精神も大切ですが、考えることなしに信じ込むのは危険です。会社を外側から見る視点を養えれば、問題点を改善しようという意識も芽生えます。

無印良品はどんなチャレンジでもできる会社ですが、それゆえに**自分から考えて行動しない人は何もできない**という面もあります。社員は、海外赴任や研修を通してそれを痛感し、自分はこの先どのように働けばいいのかを考えるきっかけになるはずです。

皆さんも、もし海外旅行に行くとき、現地に無印良品があるならぜひ店を覗《のぞ》いてみてください。そこでは孤軍奮闘している無印良品の社員たちの姿を見られるでしょう。

彼らに話しかけてみれば、海外の体験談を語ってくれるかもしれません。私の言葉で伝えるより、社員の言葉から聞いたほうが、共感できる部分も多いのではないでしょうか。

「海外短期研修」の実例①　WEB事業部WEB製作担当兼コミュニティー担当課長　川名常海さん

一九九二年に入社。店舗勤務を経験した後、本部で宣伝販促室に配属。二〇〇四年にWEB事業部に異動、二つの課の課長を担当し、二〇名の部下を抱えている。

短期研修に行ったのは二〇一一年の六月から八月いっぱいまで。僕らが研修の第一期生でした。前例もなく何も決まっていなかったので、どこに行くかも、現地で何をするかも自分で決めてください、という感じでした。現地にツテがあるなしは関係なく、ホテルに住むのか、アパートを借りるのか、それすらも全部決めなくてはいけなかったのです。自分で研修内容の水準や範囲を設定すること自体は楽だけれど、「すべてを自分だけで決める」ということは難しいものだと感じました。

自分は純粋に何がやりたいのか。自問自答を繰り返すうちに、今携わっているデジタルマーケティングの分野で最先端の企業に行きたいと思い至りました。調べてみると、ワイデン＋ケネディやAKQAといった世界的に大きなデジタルマーケティングの会社があるとわかりました。「そこにもぐりこんで勉強をできないかな」と思ったけれども、何もツテはない。そのとき、高校時代の知人がロンドンでクリエイティブの仕事をしていることを思い出しました。フェイスブックでつながっていたので、まさに藁《わら》にもすがる思いで「研修を自分で組み立てなくちゃいけない。デジタルエージェンシーで、もぐりこませてくれるところはないかな」とメッセージを送りました。すると、返ってきたメッセージには、「俺は今、ＡＫＱＡのロンドン支社で、ナイキのクリエイティブディレクターをやっているんだ」と書いてあったのです。ものすごい偶然です。たいして英語もできないので、これはチャンスだとばかりに、ＡＫＱＡに席をつくってもらうようお願いしました。

ちょうどＡＫＱＡの支社と無印良品のブランチは、一駅ぐらいしか離れていませんでした。そこで、半分は現地のサポート、半分はＡＫＱＡに籍を置くという感じで研修のプログラムを組んだのです。

◆ロンドンのデジタルマーケティングの会社で学ぶ

ＡＫＱＡは社員の国籍がバラバラという、まさにグローバルな企業でした。デジタルマーケティングの会社なので、みなパソコンに向かって黙々とキーボードを打って、あまりコミュニケーションを取らないのかな……と思っていたのですが、むしろ逆でした。

例えば誰かがサイトやアプリの画像をどんどんボードに貼りだして、「ちょっといいかな」と声をかけると、みんながパッと集まるのです。そしてディスカッションをして、「こうすればいいんじゃない」とアイデアを出し合って、パッと散る。長い会議はほとんどなく、そういった小さなミーティングを日常的にやっていました。

最近、「マクドナルド理論」というJon Bellさんが提唱した理論がネットで話題になっています。みんなでランチに行こうというときに、「今日は何を食べようか」と聞くと、意見はあまり出てこない。けれども、「じゃあ、マックに行こうよ」と誰かが最初の案を出すと、「いやいや、だったらそこのそば屋へ行こうよ」と次々に案が出てくる。そのように、最初になんでもいいから〝案〟を出すと、それを実行させたくない人から次々とアイデアが出てくる――という理論です。小さなミーティングは、そういう効果があるんじゃないかな、と思います。

このミーティングのやり方は、さっそく自分のチームで取り入れました。報告のための会議をやめて、小さいミーティングを五分ぐらい開いて、パッと解散するようにしたのです。

特に僕が在籍しているような部隊だと、みんなパソコンに向かい、他人とコミュニケーションを取らなくなりがちです。でも、誰かが素晴らしい頭ですごいアイデアをポンと出すよりも、みんなで会話しながら積み上げていくほうが、いろんな角度の視点が入るので大事だと思うようになりました。一人で悩んでいても何も生まれないけれど、外から課題をポンと出すと、「こんなことができるんじゃないか」と解決策が見つかったりする。そういうつながりを持つのも大事だな――と研修を通してかなり考え方が変わりました。これも、短期研修でさまざまな経験をしたからこそだと思います。

「海外短期研修」の実例② 食品部菓子担当カテゴリーマネージャー 鈴木美智子さん

一九九二年に入社。店舗勤務を経験した後、商品部の衣料品の部門に異動。その後、店長として店舗を数店任され、二〇一〇年に本部に戻って食品部に入り、現在に至る。

現在、無印良品は中国での店舗数も増えてきています。そのため、食品に関しても日本から商品を送っています。ただ、東日本大震災後、中国での規制が厳しくなって、日本から輸出できないものが増えてしまいました。

そこで、私の海外短期研修のテーマでは、中国の現地で商品をつくる工場を探そうという計画を立てました。中国で日本と同じ品質でつくり、同じように管理してくれるメーカーさんを探し出そうと。現在日本で取引のあるメーカーに、中国国内のメーカーを紹介してもらうようお願いしたり、中国に進出している邦人企業を訪ねることにしました。

現地では一〇社以上訪問しましたが、その時点で「この工場ならお願いできそう」と感じたところは、最終的に一社しかありませんでした。私は日本の工場の体制や環境しか知らないのですが、現地工場の衛生管理の仕方については疑問に思うことが多かったと思います。日本に戻ってきてから他の担当者にも候補の工場を見てもらい、その後候補の工場の改善も進み、三カ月後ぐらいにようやく二社の工場認定が取れました。

◆日本の常識は世界では通用しない

中国で一番驚いたのが、中国の方は、中国でつくっているものを信用していないということ。日本でつくったものを輸出してほしいという希望が中国の無印良品のスタッフにも根強くあったのです。

上海には日本の商品が溢《あふ》れていて、値段は非常に高い。それでも、それをファッション感覚で買っていくのです。日本語が書いてある日本製のお菓子を食べているとカッコいい、お金がある人だと思われるようです。それがステイタスにもなっているのだと知りました。

中国で、とある日本企業の役員の方とお話しする機会がありました。その方に、「日本人は人を信じることから始めて、信頼が成り立って商売をしているから、変なことをされるとすごく怒る。中国とか他の国では、そう簡単には人を信用しない。だから、日本の当たり前という感覚で腹を立てても、それは日本のスタンダードであって世界のスタンダードではない。そこは注意したほうがいい」と言われました。

実際そうだな、と思いました。無印良品にとっての常識が、世間では非常識なんだ、と。

それは日本にいてもわからないことです。中国にいる日本人の駐在スタッフと電話やメールでやり取りしているときも、一時間しか時差はないから、返事はすぐ返ってきます。でも彼らは彼らで、自分の常識が通用しない環境で戦っていると思うと、日本式を押し付けて迷惑をかけてはいけないな、と思うようになりました。

現地に行かなくてはわからないことは、とても多かったと思います。

中国ではどのような商品がどのぐらいの価格で売られていて、どういうふうに買われているのか、物価はどれくらいなのか、そういったことは生活している人たちを見ないとわかりません。ものをつくるときにも、現地を知らないと価格が付けられません。中国でもスーパーやコンビニに何度も足を運んで調査をすることで、「このぐらいの値段でなければ買ってもらえない」とわかってきたのです。

ただ、その価格帯でそのままやろうとすると、材料のレベルが下がり、味も悪くなり、無印良品らしさを出せなくなってしまう。二カ月間、迷いながらやっていました。

今までどうしても私たちは、日本国内の、無印良品のマーケットしか見ていなかったので、「これは日本で売れそうかな」としか考えていなかったのです。海外でどんなふうに扱われて、どんなふうに自分たちがつくったものが売られて、広がっていくかというところまでは考えていませんでした。

これからは目線を切り替えて、ものづくりもしていかないといけませんし、無印良品のコンセプトも、色濃くちゃんと伝わるようなものをつくっていかなきゃいけないな、と強く感じました。

問題から「逃げない」。絶対に

この章の最後に「覚悟」の話をします。

仕事がうまくいかないときは誰にでもあるでしょう。

上司や部下と対立することもあれば、力を入れて取り組んだ仕事を評価してもらえないこともあります。

そのようなとき、私は「気持ちを切り替えよう」と考えるのではなく、「正面から切り開いていくしかない」とますます覚悟を決めます。

気持ちを切り替えたところで、その問題を解決していないのなら、問題は先送りされるだけです。多くの問題は時間が経てば経つほど悪化していきます。

そして妥協すれば自己嫌悪に陥り、いくらお酒を飲んで気を紛らわせようとしても、ずっとモヤモヤした気持ちが残るでしょう。

そういう思いをするぐらいなら、その問題と真正面から向かい合い、とことんつきあうほうがよほど健全です。うまくいかなかった理由を真正面から見つめて、その理由を変えていくしか方法はないでしょう。

例えば周りの人とうまくいっていないなら、コミュニケーションの取り方を変えるしかない。ここで「あの上司は現場のことをわかってない」「あの部下は人の言うことを聞かない」とグチをこぼしたところで、何の解決にもなりません。それは問題の本質から目をそらし、逃げているだけです。

上司に現場の状況を理解してもらえる方法を考えるか、部下に従ってもらうよう指示の出し方を変えるしかないでしょう。

そうやって正面突破すれば何かしら方法はあるものですし、必ず解決します。

そう覚悟を決めたほうが、実は精神的にもラクです。逃げる方法を考えていると、余計にストレスがたまっていくのではないでしょうか。それで世の中のビジネスマンは元気がなくなっていくのではないかな、と思います。

一九九七年に消費税が五％に上がったとき、無印良品は大混乱しました。

値上げ前に買えるものを買っておこうというお客様が殺到し、商品の配送が追いつかなくなってしまったのです。

配送会社はほかの企業とも契約しているので、無印良品の商品だけを運ぶのに集中するわけにはいきません。二～三週間、物流の機能が頓挫《とんざ》して動かなくなってしまい、連日問い合わせや抗議の電話がお客様から殺到しました。

そのとき私は物流の担当役員でした。部下たちは電話に出ると、「荷物が届かないじゃないか。どうなってるんだ。責任者を出せ！」と責められ続けるので、途中で電話に出るのが怖くなり、逃げてしまいます。私は責任者として逃げるわけにいかないので、可能な限り電話に出て、謝罪をするしかありませんでした。

さらに配送業者が動けるようになるまで待っていられないので、赤帽（軽自動車運送）を手配して府中《ふちゅう》の物流センターから弘前《ひろさき》まで荷物を届けたり、その時点でできること・思いついたことを片っ端からやりました。

まさに休む間もなく働いた時期です。このときの修羅場体験によって一番鍛えられたと、今でも思います。

このときの経験は、今にも活かされています。

二〇一四年の「八％」への増税の際は、無印良品は価格も表記も据え置くと発表しました。

無印良品の価格は、末尾の桁《けた》が「00円」「000円」となるような数字にしてあり、増税分を転嫁したら価格表示のすっきり感がなくなります。そこで増税後も変えないと決めたのです。物流費を見直したり、東南アジアでの生産比率を高めるなどして価格を抑える方向にしました。商品のほとんどは、実質値下げしたことになります。

数週間前に告知をし、メディアにも取り上げてもらいました。

それでも駆け込みで買おうというお客様が殺到し、配送は乱れました。ただ事前に対策を練っておいたので、前回ほどのパニックにはならなかったのです。

やはり、問題は、逃げずに正面から突破するしかないのです。

逃げれば逃げるほど、問題は大きくなって追いかけてきます。

そのときできる限りのことをすれば、何とか乗り切れるものなのです。

4章

「チームワーク」は
つくるのではない。育てる

無印良品に「チーム」はあっても「派閥」はない

日本人はチームワークを発揮するのが得意だと言われてきました。

あの誇り高い中国人も、「一対一なら日本人には負けないけれど、チームプレーになったら日本人には勝てない」と言っているぐらいです。

しかし、チームワークが悪い方向に働くと、派閥が生まれてしまいます。人は三人集まると、二つの派閥ができる可能性があると言われています。会社や学校でも、政治や行政でも、さらに趣味のサークルでも派閥はあるでしょう。

日本人はとくに群れたがる特性があり、主体性を持って行動する習慣をあまり持っていません。自分で考えながら行動するより、長いものに巻かれるほうがラクです。だからあらゆる組織が派閥の温床になるのではないでしょうか。

派閥は一見、連帯感があるように見えます。果たしてそうでしょうか?

私は、**派閥こそ組織を蝕《むしば》む「獅子身中の虫」**だと思います。

派閥ができると、自分たちの利益を囲い込もうという意識が生まれます。自分たちのチームに有利な情報を独占し、自分たちが優位になるよう権力を持とうとします。ほかの派閥との足の引っ張り合いも始まるでしょう。

そこには「組織のために」「会社のために」という目的はありません。みなが「自分たちさえよければそれでいい」という意識になってしまったら、組織は衰退していくばかりです。

小売業では、商品部と販売部は昔から仲が良くありませんでした。私が在籍していた西友も例外ではなかったと思います。役員などの強い権限を持つ人の周りには、取り巻きがいたものです。長く業績が低迷していた理由はそればかりではなかったかもしれませんが、もし、一人ひとりが派閥ではなく組織のことを考えていたら、違う結果になっていたように思います。

無印良品も、基本的にはチームで仕事をしています。しかし、チームワークはあっても派閥はありません。

以前は派閥らしきものもありましたが、大胆な異動をさせるうちに、特定の「人」や

「立場」にしがみつく意味がなくなったようです。

「業務を標準化させている」ことも、派閥が生まれない理由になるでしょう。

誰がどのタイミングでどの部署に行っても、今までその部署にいた人たちと同じ仕事をする。入社一年目の社員であっても、一〇年以上のベテランであっても、同じ仕事をできる仕組みを整えているからです。

まず、自分がいなければ仕事が滞るという事態がなくなります。

これが「人に仕事をつけない」という意味です。その人がいなくても業務は回るので、一人の人に権力が集中することがなくなります。一人勝ちしても意味がないと気づけば、チームへの帰属意識が芽生えるでしょう。

また、人に仕事をつけなければ、一つの部署に権力が集中するのも防げます。

販売部だけが強くても組織全体を引っ張って行けるわけではありません。商品開発の力も必要ですし、それを売る店舗を開拓する力も、店舗を切り盛りする力も、すべてがないと組織は成り立たないのです。

無印良品では**社員にさまざまな部署を体験させているので、どこの部署も大切であるという意識が自然と根付いている**のでしょう。

無印良品でチームワークが機能しているのは、社員一人ひとりが同じ「目的」を持って働いているからです。

その目的とは、無印良品というブランドを継続させるということ。

目的の向かう方向が〝社長や会長〟というのもダメです。会社の将来やチームの成功に向いていないといけません。

この章では、無印良品流のチームワークのつくり方をご紹介します。

それは特別な方法ではなく、ごくシンプルな方法ばかりです。必要なのはカリスマ性のあるリーダーではなく、4番バッターのように優秀なメンバーをそろえればうまくいくわけでもないとわかるはずです。

チームワークは日々のコミュニケーションで固めていくしかありません。その基本をおろそかにするから、チームは迷走してしまうのです。

最強のチームは「つくる」のではなく、「育てる」

プロ野球が好きな方ならご存知でしょうが、巨人が4番バッターばかりを集めていた時期があります。それで巨人は優勝できたかというと、そううまくはいきませんでした。**最強のメンバーを集めれば、最強のチームができるわけではない**のです。

コツコツと出塁する確率の高い選手がいないと得点を重ねることはできませんし、走塁が得意なメンバーがいないと、攻撃に広がりが生まれません。

野球は攻撃だけではなく守備も大切です。投手陣も先発や中継ぎなど、さまざまなタイプの選手が必要ですし、しっかり守れる外野手も重要でしょう。

みながホームランを狙って大振りばかりを繰り返していたら、点数には結びつきませんし、失点を防ぐこともできません。野球はチームワークで決まるスポーツなのです。

企業での仕事も、基本的にチーム単位で動きます。

チームのリーダーとなった人は、「優秀なメンバーをそろえたい」と思うでしょう。

しかし、全員を優秀なメンバーで固めたらどうなるのか。スタンドプレーばかりが目立ち、統率がとれなくなるかもしれません。仕事には事務的な作業がつきものですが、優秀な社員は地味な仕事をおろそかにする可能性もあります。

私はチームとは、つくった時点で完璧《かんぺき》にしようとするのではなく、**つくってから全員の力で強いチームにしていくもの**だと考えています。

チームをつくるときはやはり、「部分最適」ではなく、「全体最適」をリーダーが考えなければなりません。個別でレベルや効率を上げていく部分最適も大事ではありますす。しかし、何度も言うように、部分最適はそれぞれをいくら足しても、その総和が全体最適にはならないのです。

自分の部署だけではなく、全体との調和を考えながら、会社にとって最大限の結果を残せるチーム。その視点で、チームのメンバーを選ばなくてはなりません。

例えば一つの部署に営業部の優秀なメンバーを集めたら、その部署の営業成績は上がります。しかし、会社全体の均衡は崩れているでしょう。自分の部署のメリットを考えるのは大切ですが、そればかりを考える人が集まれば、部分最適しか実現できなくなります。

チームをつくるときは最初の人選でよくよく考えないと、全体最適になりません。**無印良品では大きなプロジェクトの場合、基本的に異なった部門のメンバーを集めてチームが構成**されます。人事部や販売部、商品部といった垣根を越えて協力ができなければ全体最適を目指せないからです。プロジェクトに関係しそうな部門の人、さらにいうなら各部門に影響力のある者を分け隔てなく一堂に集めてしまうのです。

部署内でチームをつくるときも、基本は同じでしょう。

チームのメンバーを揃えるときに必要なのは「優秀な人材を集められるか」ではなく、「役割に合った人材を集められるか」という考え方です。さまざまな能力、さまざまな性格、さまざまな視点を持つ人を集めないと強いチームになりません。

リーダー格の人は一人いれば十分で、何人も入れると「船頭多くして船山にのぼる」になってしまいます。リーダーの右腕になる人や調整に長《た》けた人、分析力や調査力に優れた人など、あらゆるタイプを揃えられたらチームは力を発揮できます。

くれぐれも、リーダー自身がお気に入りの人材だけで固めないこと。それをすると、なあなあの関係になってしまい、チームがまとまらなくなる可能性が高くなります。

さらに、イエスマンではなく、**「ノー」を言える人を入れられたら、最強のチームになるの**は間違いありません。

そして一番大事なのは、やはりそれらのメンバーを引っ張るリーダーです。このリーダーの力量によって、そのチームは最強にも最弱にもなります。リーダーに必要な基本的な要素は、

・メンバーを束ねられる
・物事の本質が見えている
・障害を乗り越えられる
・仕事を納期までに着地、完成させられる

に大きくしぼることができます。皆さんがリーダーを選ぶ立場であるなら、これらの要素を持った人を選ぶ。逆に、皆さん自身がリーダーになるなら、これらの要素を身につけなければチームは強くならないのだと思ってください。

リーダーもチームと共に育っていくものです。メンバーを束ねる力も、障害を乗り越える力も、最初から備わっているものではありません。何があっても最後までチームを引っ張る覚悟が、実はもっとも重要なのかもしれません。

理想的なリーダー像は「ない」

長い間「日本には真のリーダーがいない」といわれています。

理想の上司やリーダーのランキングがメディアを賑《にぎ》わすのも、こうしたリーダー不在という空気の表れなのかもしれません。

では理想のリーダーとは、一体どういったものなのでしょう。リーダーシップや対人関係、問題解決力や意思決定力、そして自己管理力。そういう能力をバランスよく持ち合わせているのが理想のリーダーだと考える人も多いのではないでしょうか。

結論から言うと、私はリーダーに理想像というものはないと考えます。

リーダーに必要な基本的な要素は前項で紹介しましたが、リーダーのあり方は、**リーダーが一〇〇人いれば一〇〇通りある**といえるでしょう。だからこそ、自分なりのリーダーシップを見つけることが求められるのです。

リーダーに求められるタイプは、時代やその時の文化、会社の組織や性質と、あらゆる変数の中で変わっていきます。

例えば昔は本田宗一郎氏や松下幸之助氏のような、皆を力と情熱で引っ張っていく、力強いリーダーが求められていました。高度成長期の勢いのある時期は、皆が同じ方向を向いて進むための絶対的な牽引《けんいん》役が必要だったのです。

現在は、以前ほど強いカリスマ性は求められていないように感じます。

部下と同じ目線に立ち、親身になって話を聞いてくれる、コミュニケーション上手なタイプがリーダーとして実績を出しているのではないでしょうか。

「これをやれば一流のリーダーになれる」という方法は、残念ながらありません。理想形があるようで、実はいわゆる「無形の型」なのです。

それはつまり、誰でもリーダーになれる要素を持っているということでもあります。

二〇〇〇年にアメリカで発表された歴代大統領ランキングによると、一位はジョージ・ワシントン、二位はエイブラハム・リンカーンと偉人が続き、三位にフランクリン・ルーズベルトが入っています。

ルーズベルトは世界恐慌が起きた時にニュー・ディール政策を打ち出しました。公共事業を次々と実施し、失業者の雇用の受け皿を整えたのです。社会保障制度をつくって貧困層や失業者、障礙者《しょうがいしゃ》を救済する仕組みを整えるなど、革新的な政治家でした。

日本でも人気のあるジョン・F・ケネディは、意外にも一八位です。

ケネディはソ連との核戦争が起きるのを阻止し、ベトナム戦争からも早期撤退を検討し、人種差別を廃絶しようと画策した良識派です。アポロ計画を推進するなど、アメリカ国民に大きな夢を与えた功績もあるでしょう。

けれども、ケネディのように正義感の強いリーダーが必ずしも高い評価を得られるわけではない。どのタイプが理想というより、**その時代が求めているリーダーと合っているかどうかで評価は決まる**のでしょう。

トップダウンか、ボトムアップかはそれほど大きな問題ではありません。

人としてのモラルを大事にし、相手の立場に立った気配りができれば、メンバーは信頼してついてきてくれるでしょう。

リーダー論やマネジメント論を求める人は多く、書籍も多く出ています。しかし、一番大切なのは「仕事にかける思い」です。

人はノウハウでは操作できません。仕事に対して真摯《しんし》な態度で取り組めば、その背中を見たチームのメンバーも必ず信頼してくれます。

リーダーの資質——「朝令暮改を躊躇《ためら》うか」

先週決定した計画が今週になって状況が変わり、すぐに作業を修正しなければいけない。いわゆる「朝令暮改」のケースは、ビジネスでたびたび起こってしまうものです。

朝令暮改という言葉は悪い例としてしばしば取り上げられますが、私は**朝令暮改ができるかどうかは、リーダーの資質を決める一つの条件**だと考えています。

もちろん、気まぐれで周りの人を振り回すのは言語道断です。基本的にリーダーは慎重に判断しなければなりません。

それでも、どうしても変更しなければならない時は、やはりあります。そのときは、躊《ちゅう》躇《ちょ》せずに変えるしかないのです。

人は誰でも完全無欠ではないので、判断を誤ることがあります。大事なのは、その後の対処です。うやむやにしたり、決断を先延ばしにすると、問題は複雑化していきます。気がついたらただちに軌道修正するしかないのです。

小さな作業のやり直しなら簡単にできますが、大きく動き出してしまった計画を覆すのは、やはり勇気がいるでしょう。

例えば、部下が立てたイベントの企画を了承したとします。部下は場所や機材の手配、スケジュール調整などを行い、企画は周囲も巻き込んで進み出しています。

しかし、まだ時間も経たないうちに「今はまだ、限られたスペースで集中的にアピールをするのは早いのではないか」と思い至ったとします。そのコストはダイレクトメールやチラシの広告などに回して、広い範囲の人にアピールするほうが効果的ではないか。もしそういう結論に達したら、すぐに舵《かじ》を切らなくてはなりません。

このとき、**自分の判断が間違っていたのなら、それをきちんと認めて伝えるべき**です。ここをごまかそうとしたら、部下には不信感が芽生え、それ以降の指示に従わなくなる可能性もあります。

また、ここでぐずぐずと、「もう少し様子を見てみよう」などと先送りしてしまうと、その分コストも、部下たちの労力もムダになってしまいます。すぐにすべての作業をストップさせるのが、部下やチーム、さらには会社のためでもあるのです。

朝令暮改で起きる周囲の不満は、短期間でリセットできるでしょう。しかし決断が遅れた末の方向転換は、不信感を募らせるだけです。

ただし、朝令暮改をするとき、**「方法を変えても、方針は変えない」**という一点は守らなければなりません。

会社の根幹に関わる理念やポリシーといった軸がぶれなければ、方法を変えても問題ないでしょう。

ある商品の価格を一〇%下げるためにコストを五%抑えると決めたとします。ところが、円安で材料費が値上がりしてしまった。そのようなときは、すぐに商品の価格引き下げ幅を見直すのは自然な流れでしょう。それを、無理にコストを抑えるために商品の強度や質を落としてしまうのであれば、品質のよい商品を提供するのがポリシーである会社の場合、軸がぶれてしまいます。

軸をぶれさせないためには、環境や条件が変わった時は、むしろすぐに変更すべきことは変更したほうがいいのです。

「老舗の味」を標榜《ひょうぼう》しているお店でも、昔から変わらない製法をそのまま守りつづけようとしたら、おそらく衰退していくでしょう。時代によって人の好みも、材料の味も変化します。それに合わせて作り方を変えないと、老舗の味は守れません。守るべきは味と信用であり、その方法ではないはずです。

今はスピード経営が重視される時代です。会社が置かれる環境は日々変わり、情報も目まぐるしく書き換えられていきます。

まさに「変化することが日常」と言えるでしょう。

そのなかでリーダーは、変化に対応する力を身につけ、素早い判断を下さなければなりません。昔なら一カ月かけてじっくり検討できた事案も、今や数日で決断しなくてはならない場合もあります。

したがって、走りながら考えるしかないのです。

走りながら考えて、どうしても判断が間違いだと思ったら、すぐに撤回する。そんな変化に強いリーダーが、変化に強いチームを育てていけるのではないでしょうか。

モチベーションは「成果物」から生まれる

チームの運営は、いかにメンバーのモチベーションを保つかが重要課題です。

「今月の売り上げ目標は五〇〇万円」と数字を伝えるだけでは、やる気は出ません。ノルマを課したらプレッシャーになり部下は疲弊していきます。かといって給料を上げるといったインセンティブだけを利かせるのも、よくありません。**お金だけでは、一時的にはやる気を出せても、それは長続きしない**からです。

人がモチベーションを保てるのは、「会社やチームの役に立っている」「さらには社会に貢献している」などの大きな満足感を得られたときです。

つまり、モチベーションの素は、仕事による成果物です。大きな契約が取れたり、開発した商品がヒットしたりすればわかりやすいし、一番のモチベーションになります。

しかし、そういった大仕事を誰もがいつも、できるわけではありません。会社は大仕事だけで成り立っているわけではなく、小さな仕事、小さな成果の積み重ねの上に成り立っています。だからこそ、**小さな仕事の成果を認め、評価する。これが、小さくても、恒常的なモチベーションアップにつながります。**

『はじめてのおつかい』というテレビ番組があります。子どもが初めて一人でおつかいに行き、無事に買い物を終えて帰ってきたとき、家族全員で、「よく頑張ったね、偉かったね」と褒めてあげています。子どもには自信がつき、その後の「お手伝い」へのモチベーションもアップするでしょう。そんなとき、「やっとできるようになったんだ」「これぐらい、お隣の子はとっくにできるよ」などと否定的な言葉を言えば、子どもはすっかりやる気をなくします。

子どもに限らず、実は私も含め、大人も同じです。

例えば、無印良品には、お客様の事故防止を担当するセクションがあります。

ある日そこに、店内でお客様が使う鉄製カートに関する指摘が寄せられました。

鉄製カートは四角く作られており、その角がお客様に当たったら危険ではないかという指摘です。実際に事故の報告もあがっていました。

すぐにそれに対処するためのチームが組まれ、丸いパイプで作られた、より安全なカートが出来上がりました。最初は一〇店舗ぐらいに置いてしばらく様子を見たところ、無事に安全性をクリアできると判断。そのカートはすぐに、無印良品の全店で使われることになったのです。

カートを改善しても、店の売り上げアップに直接つながるわけではありません。商品ではないので、お客様も変更に気づかないでしょう。

しかし「安全で快適に、楽しく買い物をしていただく」のは、無印良品という会社の理念を実現するために大切なポリシーです。

新しいカートで事故が減ったという効果を実感したそのチームは、皆で成果を出す面白さを感じたのではないかと思います。仕事とはそういう小さな喜びの積み重ねであり、それがさらなるモチベーションやチームワークにつながっていくのです。

言葉で「がんばれ」「期待しているよ」と励ますだけでは、モチベーションは長続きしません。しかし、成果が実感できるような仕事をつくれば、モチベーションは引き出され、チーム全体の士気も上がっていきます。

リーダーはただ励ますのでなく、「励み」になる方法を作らないといけないのです。

「問題のある部下」への対処法

労働問題を専門に扱う弁護士や社会保険労務士によると、会社が持ちこむ相談の多くは「問題社員への対応」だといいます。

リーダーはすべての部下に対して平等に接するのは当たり前です。しかし、こちらが普通に接していても、攻撃的な部下や、仕事をさぼる部下はいます。よほど深刻なケースはカウンセリングを受けてもらうか、法律の専門家に相談するしかないかもしれません。ただ、多くは日常のコミュニケーションの取り方で解決できます。問題をこじらせないためにも、早め早めに対処すべきです。ここでは、タイプ別の対処法をご紹介します。

・手を抜いている部下

仕事をさぼる人は、性格的な部分もありますが、たいていはそのミッションに賛成していないか、本当はやりたくないのに任されているという場合がほとんどです。

こういう部下に対して、「やる気を出せ」「たるんでいるんじゃないか？」と精神論を説いても意味はありません。何度も同じ指示を出したところで、ますます部下のやる気がなくなるだけです。

こういうケースは、**そのミッションを達成することが会社の中でどんな役割を果たすのか、相手に説明する**必要があります。それも、本人が納得するまで説明するのです。たいていはその説明が足りずに、「指示を出せば部下は従うのが当たり前」と考えている上司が多いように感じます。

あらゆる仕事には、その前に「先工程」があり、後ろに「後工程」があります。すべての工程がつながって一つの仕事になるのであって、自分の担当している仕事だけで完結しているわけではありません。

例えばデータの入力作業を任せるのなら、そのデータがどこから来たのか、これが先工程になります。さらに、データを入れることによって、どういうところに影響が出てくるのか、これが後工程になります。先工程と後工程を説明して、その作業にどういう意味があるのかを伝えるのです。

自分の作業が会社全体のなかでどのような位置づけで、どのように影響するのかを根気よく説明するのは時間がかかります。「黙ってやれ」で済ませるほうがラクでしょう。

けれども、指導にかかった時間は長期的に見ると必ずプラスになります。部下に当事者意識が芽生え、自分のエンジンで走り出せるようになれば、そこから先の指導はあまり必要なくなるからです。

ドストエフスキーの『死の家の記録』に、「半日かけて穴を掘ってから半日かけて埋めるという作業が罰になるのは、単調な作業を繰り返すことに人は耐えられないからだ」という話が出てきます。人は「種をまく」といった目的のために穴を掘るのは苦ではありませんが、ただ掘って埋めるだけという意味のわからない作業だと苦痛を感じるのです。

仕事でも、目的がわからず「やらされ感」がある限り、働くことを苦に感じます。

・スタンドプレーが目立つ部下

まわりに相談せずに自分だけで仕事を進めて成果を出す人。あるいは「私がやりました」と自分の成果をことさらアピールする人。こういうスタンドプレーが目立つ人は、〝優秀なビジネスマン〟であるケースが多いと思います。

欧米ではそのようなタイプのビジネスマンが好まれますが、日本は出る杭《くい》を徹底的に打つ傾向があるので、チームプレーの中では、少し抑えたほうがいいかもしれません。

こういうタイプは、「認められたい」という、「好印象欲」をもっています。多かれ少なかれ、誰にもそういう欲求はあります。その欲求が強く出すぎているだけなのです。

これは性格によるところが大きいので、直そうと思って直せるものではありません。こういうタイプに、頭ごなしに「目立つな」「チームの和を乱すな」と指導すると、プライドが傷つき、仕事への情熱が失われる恐れがあります。

したがって、あまり深刻に伝えるよりは、飲みに行った際に「あなたが仕事ができるのはみんなわかっているんだから、これ以上アピールしなくてもいいんじゃないかな」と冗談ぽく伝えるのがいいかもしれません。

「動く前に一言だけ相談してよ」と、さらりと釘《くぎ》を刺すことも必要かもしれません。

・何でも反対屋

人の意見を「でも、それってさ……」といつも否定する。

「どうせ何をやっても給料は同じなんだから」と非協力的な態度を示す。

「今どき、そんなの流行りませんよ」と批判はしても代案を出さない。

そんなふうに、世の中を斜めに見ているような人も、なかにはいます。しかし、そういうメンバーにも参加してもらわなければ、チームの力は発揮できません。

人の言うことを聞かない部下なら、「じゃあ誰の言うことなら聞くのか」を分析します。そして、そのカギになる人に頼んで、指示を出してもらうのです。

例えば部下が、自分の指示にいちいち反発するとします。調べてみると、前の部署の上司とは仲がよくて、その人の言うことは素直に聞いていたようだ。それなら、その上司から話を持ちかけてもらうのです。

こういうときは、自分自身の小さなプライドなど捨てるしかありません。「他の部署の人に頼むなんて、自分の能力がないみたいだ」と躊躇するかもしれませんが、部下に仕事をしてもらうのが最重要課題なのです。どういう方法であれ、指示に従ってもらうという結果が手に入るなら良しとしましょう。

あるいは、人の意見を認めたくないタイプは、その人自身に認めさせるように仕向ければいいのです。上司が命じるのではなく、選択肢をいくつか与えて、部下がどの作業を担当するのかを選ばせるのです。自分で選んだ仕事なら、やりたいと思うでしょう。

また、部下が否定的な意見ばかりを言ってくる場合は、その意見を、仕事の精度をあげるためのアドバイスだと捉《とら》えるのはどうでしょう。保守的な人は、「万が一こういう事故があったらどうするの？」「取引先が難色を示したらどうするの？」と片っ端から懸念を示します。もしその懸念をすべて解消できたら、リスクはほぼゼロに近くなります。保守的な人の意見は、仕事の精度を上げるために役立つ場合が多いのです。

以上のような〝問題部下〟に対してリーダーがとるべき行動に、共通点が一つあります。それは、**「目の前の問題から逃げない」**という点です。

どんなに相性の悪い部下でも、邪険に接したり、仕事を与えないなどの行動をとった時点でリーダー失格です。業務を遂行させるためには、個人的な感情に流されないようにしなければなりません。こればかりは経験を積んでいくしかありません。

もし問題部下の影響で、チームで業務を遂行できない状況になったら、メンバーを変えるしかありません。これは最終手段であり、「気に入らないから」という理由で安易に変えたり、メンバーチェンジを繰り返すようでは、チームはますます、まとまりません。

自分にとってベストなメンバーが、必ずしも仕事を進めるうえでのベストとは限りません。最初から最強のチームはない。リーダーがメンバーと最強にするしかないのです。

「調整」と「決断」を混同していないか

チームで同じゴールを目指していても、意見のぶつかり合いは頻繁に起こります。むしろ、真剣に仕事に取り組んでいるからこそ、衝突が起こるのだと考えられます。感情的にならないのであれば、意見の対立は歓迎するべきです。

これはリーダーの胆力が試される場です。

対立している双方の意見を聞く、それは基本です。そこから先、最後に決断するのはリーダーの仕事なのです。

例えば商品を開発する場面で、販売部と商品部の意見が割れたとします。

「売れ筋の商品を作れ」という販売部側の意見。

「他社と同じようなものは作りたくない」という商品部側の意見。

どちらが正しい・間違っているという問題ではなく、立場によって考え方が違うのは当然なのです。

ここで、たいていは意見をすりあわせようと、対立する意見の真ん中をとるような妥協点を探すのではないでしょうか。実は、これは**最悪の選択**です。

リーダーはどちらの意見がよりミッションや目的を実現するのかを、冷静に判断しなければなりません。

ところが、どちらの立場にも配慮をして、決断を下したくなるでしょう。

「売れ筋を考慮した商品を作りつつ、カラーバリエーションと材質で変化をつけよう」という折り合いをつけるかもしれません。

しかし、**最優先すべきは平和的な解決ではなく、企業やチームの目的に適っているかどうかです。妥協や調整は、決断ではありません。**

そう考えたら、「今は確実に売りたいから、売れ筋で攻めよう」という結論になるかもしれませんし、「新しさを前面に出して、挑戦してみよう」となるかもしれないでしょう。

そしてどちらの意見を採用するかを決めたら、その理由をきちんとみんなに説明して理解してもらうのも、リーダーの任務です。

選ばれなかった側からは「不公平だ」と不満が出るかもしれませんが、それを恐れて**玉**

白黒の決着をつけるほうが、双方にしこりを残します。

もちろん、時には双方の要望を合わせた方法が一番いいという結論が出る場面もあるでしょう。

例えば小売業では、商品を仕入れる側と、それを販売する側で意見が対立することがあります。

仕入れ側は、仕入れコストを下げるために一度にたくさん買いたいと考え、販売側は不良在庫を抱えたくないために、仕入れの数を調整してほしいと思います。

こういう場合は、在庫を管理する倉庫代なども含め、すべてのお金の流れを把握している経理担当に意見を聞いてみる方法もあります。仕入れコストが抑えられても、倉庫代などの管理費がかかっていては意味がありません。そして、会社の規模にそった適正な仕入れ数を計算して、新たに提案するのです。

いずれにせよ、いかなる決断を下すときも、最後はやはり部下に説明して理解してもらうというプロセスが重要です。それをきちんとやっていれば〝独断〟にはなりません。

チームの目標は全員で共有する

チームで仕事を進めるうえで、目標設定は大事です。

目標には、会社から与えられるトップダウン型のものと、部下から自発的に目標が生み出されるボトムアップ型の二つがあります。いずれにせよ、その目標を達成するための鍵は「いかに目標をチーム内で共有できるか」だと考えてください。


まず、トップダウン型のミッションでチームが組まれた場合です。

この場合は、経営者が経営目標や会社の理念、方向性を社員に示します。各リーダーはミッションの意味を理解し、咀嚼《そしゃく》し、チームの目標を新たに設定しなければなりません。

例えば会社が今年度の利益アップを目標とした場合、それに向かってコストダウンを命じられる部署もあれば、売り上げアップを命じられる部署もあるでしょう。「売り上げアップ」を命じられた販売部でチームが組まれた場合は、会社の目標にそって「前年比三〇

%アップ」や「五〇〇万円アップ」という数値を割り出してチームに命令を下します。

しかしそれは、まだチームの目標としては完成していません。

その「三〇%アップ」のために具体的に何をしなければいけないのか。営業エリアを絞り込むか、ダイレクトメールやチラシをつくるか、ターゲット層の再リサーチは必要か。

そういった作戦をリーダーが練って、訪問件数やスケジュールなどを設定し、メンバーがどう動けばいいかわかるような目標にしなければいけません。

このように**トップダウンの目標をチームとして達成する時には、リーダーが先頭に立ち、船長として舵を取る**ことが重要です。上からの「前年比三〇%アップ」という数値をそのままチームの目標に据えても、高単価商品を重点的に売ればいいのか、売れ筋の商品を売ればいいのか、捉え方はバラバラです。それではチームとして足並みが揃いません。


次に、ボトムアップ型でチームが組まれた場合です。

無印良品ではWH運動（W＝ダブル、H＝ハーフ）がボトムアップの活動になります。WH運動は「生産性を2倍に、またはムダを半分に」をスローガンに、社員から社内の環境改善や顧客満足度を高めるための提案をしてもらうものです。

一例として、以前は店で使う什器《じゅうき》や備品は店長が依頼書を書いて販売部や業務改革部に申請し、総務部と店舗開発部が予算を審査し、取引先に発注する——という流れになっていました。お店に什器が納入されるまで一八日もかかっていたのです。

あるとき、店舗開発部から「店長が直接取引先に発注すればいいのではないか」と提案を受けました。この方式に変えてから、六日間で納品されるようになりました。まさに三分の一の効率で仕事ができるようになったのです。

現場ならではの知恵が集まるのが、ボトムアップのメリットでしょう。

トップダウンで下りてきた命令はメンバーの意見を聞くのではなく、リーダー一人で決めるほうが目標はぶれずに済みますが、ボトムアップの場合は少し違います。社員の自発的な行動によるものなので、みんなで意見を出し合い、それらを上手くまとめて、みんなが納得のいく目標をリーダーが設定するのがいいでしょう。

まとめると、トップダウンの目標は、リーダーが咀嚼して、メンバーに目標を伝える。ボトムアップの目標はみんなの意見を引き出して、最適な目標をみんなでつくり上げる。

目標設定の仕方は大きく異なりますが、どちらもその目標をメンバーが理解し、共有できるかどうかが大事で、この共有の度合いによって成果の大きさが変わってくるのです。

新人リーダーは「ざっくばらんに」

この本を手に取られた方の中には、これから初めて船長として航海に出る、新人リーダーもいるでしょう。新人リーダーが本書で紹介した方法を真似しても、なかなか最初はうまくいかないかもしれません。あれこれ頭で考えたり、いろいろなノウハウを駆使しようとするより、**新人リーダーはざっくばらんにやるのが一番**です。

「みんなに見本を見せなければいけない」「チームのために完璧《かんぺき》なリーダーでなければならない」――そんな風に気負ってしまいがちですが、昨日まで教わる側だった人が、今日教える側に回って、急にできるようになることはありません。

できないなら、できないなりにやっていけばいいだけです。

一人ですべてを抱え込もうとせず、「新米リーダーなので、いろいろと勉強させてください」と周りの人にサポートをお願いしたほうが、手助けしてもらえるでしょう。

私の知る限り、**優秀なリーダーほど、自分の弱みを相手に見せています。**


「商談での交渉は得意なんだけど、書類をまとめるのは苦手なんだ」

「会社の机はきれいに使ってるけど、自分の部屋はどうにも片付けられなくて」

このように自分の弱点をさらしたほうが、周りの人は心を開いてくれます。

人は弱みを見せてくれる相手には、自分の弱みも見せやすいものです。逆に完璧主義の人には、周りは緊張して接するでしょう。

現場でミスやトラブルがあった時、それはいち早く報告してもらわなければなりません。それもリーダーが率先して話しやすい雰囲気をつくることで、報告や連絡をしやすい環境にできるのです。


また、自分の弱みをよくわかっている人は、人を認める余裕があります。

「自分は完璧だ」と思い込んでいる人は、視野が狭くて人を受け入れられません。そして、人を受け入れない人は、人に受け入れてもらえるはずはないでしょう。そういう人がリーダーに向いていないのは、言うまでもありません。

とはいえ、リーダーを任されて、皆の前で肩の力を抜くのは、言うほど簡単ではありません。私が初めて社長に就いた時もそうでした。

やはり最初は肩に力が入って、「社長たれ」と思いながらやっていたものです。

ある時、当時社外取締役をお願いしていた吉野家の社長・安部《あべ》修仁《しゅうじ》さんにこう言われました。

「松井さん、もっとざっくばらんにやったほうがいいんじゃないの?」

個性をそれなりに評価して社長に選んでくれたのだから素のままでやるほうがいいのではないか、というアドバイスでした。その一言で、ずいぶん気がラクになったものです。

皆さんもおそれずに自分の個性を出してみてください。それができるだけで、もうリーダーの第一歩は踏み出しています。

リーダーと、先生などの人の上に立つ人は、似て非なるものです。先生や師匠の立場の人は、能力的にも人間的にも勝っていないと生徒から信頼されないでしょう。けれども、リーダーは完璧ではなくても部下や後輩はついてきてくれます。

皆さんが自分なりのリーダーシップを築けるようになることを、私は心から応援します。

5章

モチベーションを引き出す「コミュニケーション」術

「褒める・叱る」をきちんとしていますか？

「部下は褒めて伸ばす」という考え方が、現在は主流になっているようです。

今の若者は打たれ弱い面がありますから、腫《は》れものに触るように接した結果、そういう考え方が増えたのかもしれません。

褒めて伸ばすことは大いに賛成ですが、叱るべき時に叱らないようでは、本人は成長できません。

ただし、感情にまかせて怒鳴るのは避けるべきです。

相手のできていないこと、間違っていることを指摘し、どうすればいいのかを教えればいいだけです。このときに「考えが足りないんだよ」などと個人的な意見をつけくわえてしまうから、人間関係はこじれてしまうのです。

褒める時はしっかり褒めて、叱る時はしっかり叱る。これがコミュニケーションをとる上での原則でしょう。

2章で紹介した「マネジメントサポートブック」には、こう書いてあります。

叱るべき時は叱る、誉めるべきときは誉める

職場においては
・「皆がしていること」は、良くないことでも「やって良い」こと
・「皆がしていないこと」は、良いことでも「やらなくて良い」こと
と捉《とら》えられがちです。
やるべきこと、やってはいけないことを徹底させるためには
①「すべきこと（奨励されるべきこと）」「してはならないこと」を全員の前に明示する
②リーダー自らが、自分の行動として示す
③全員に対して例外なく対応する
この三つが大切です。

特に「すべきこと」がされれば誉め、「してはならないこと」がされた場合は必ず叱るメリハリがとても重要です。叱るべきときに叱らないと、その行動は「黙認さ

れること」として、メンバーに捉えられてしまいます。

私自身の考えも、これと基本的に同じです。

すべきこと・してはならないことの線引きを「褒める」「叱る」で徹底しないと、それぞれが独自に「良い・悪い」の判断をしてしまいます。そうなると現場は混乱するばかりです。

リーダーは時には嫌われる覚悟をもって、相手を叱らなければなりません。誰にでもいい顔をするのがいいリーダーではないのだと、肝に銘じるべきでしょう。

そして、叱った後のフォローも、コミュニケーションにおいては重要です。フォローをしないと、感情的なしこりが残ったままになる恐れがあります。

叱っている内容がたとえ正論であっても、厳しく叱られたら誰でも面白くないものです。そのまま放置していると、「あの上司は苦手だ」と不満を募らせるかもしれません。

私は会議で部下を厳しく叱責《しっせき》したときは、会議が終わってから「さっきは強く言っちゃったけど、頼りにしてるから」という感じで、相手に声をかけています。

そうすると、相手もなぜ叱られたのかをわかっているので、素直に受け止められるのではないかと感じています。互いの気持ちがクールダウンできるので、一言声をかけるのはとても大切だと思います。

こうしたフォローは、できるだけ早くするのがコツです。**ほとぼりが冷めるのを待とうと時間を置いたら、たいていの場合は逆効果**です。

この章では、私が普段コミュニケーションをとる上で心がけていることや、無印良品の現場で指導しているコミュニケーションの取り方についてお話しします。

本当に褒めたいときは「直接伝えない」

無印良品の店長たちも、スタッフの褒め方には苦心しているようです。

マネジメントサポートブックにも、「何でもいいから必ず1点は褒める」「結果がよかった場合は、まず褒める」「否定より肯定から話をするようにする」といった、先輩店長のコメントがありますが、やはりコミュニケーションにおいて褒め方は重要なポイント。とはいえ、普段から褒めることが習慣になっていないと、いざ「褒めよう」と思っても、やり方がわからず困ってしまうものです。

人は誰でも「自分を認めてほしい」という気持ちを持っています。

ですから、人に褒められて、嫌な気分になる人はいません。

自分の存在や行動に対して、正当な評価を受けているのだと実感できれば、その人は高い満足感を得て「もっと頑張ろう」とモチベーションを保てるでしょう。

本人に向かって褒めるのもいいと思いますが、私は**「間接的に褒める」という方法**をよく使います。

直接相手に褒め言葉を伝えるのではなく、第三者を介して「こちらが褒めている」という事実が伝わるようにするのです。

私の場合は、雑誌などの取材を受けた時に、「その取材テーマなら、この部署のこの部下に話を聞いてほしい。無印良品の中国ビジネスが成功したのは、彼の功績があったからだ」とインタビュアーに伝えたりします。

すると、インタビュアーがその部下に取材をしたときに、「松井さんからこういう理由で推薦していただきました」と必ず伝えてくれます。そうすれば、部下も「自分の仕事ぶりを認めてくれているんだ」と思うでしょう。

面と向かって「よくやってくれた」と褒めるより、間接的に伝わるほうが感激度が高いのではないかな、と考えています。

マーケティングでも活用されている心理効果として、「ウインザー効果」というものがあります。人は、当事者に「これはいいですよ」「これは美味《おい》しいですよ」と勧められるよりも、利害のない第三者に「これいいよね」「これ美味しいよね」と言われるほうが、信用するし、好印象を持つ。つまり、直接的な宣伝よりもクチコミのほうが効果絶大というわけです。

「間接的に褒める」のは、これと同じことかもしれません。

例えば同僚と飲みに行ったときに、そこにいない部下の話を出して、「最近、あいつは頑張ってるよな」と褒めるという方法が考えられるでしょう。その同僚を通して、「課長が君について褒めてたよ」と伝わるかもしれません。

もしくは取引先に「私の部下の○○に仕事を引き継いでもらいますが、彼はわが社の期待の星なんです」と、部下を褒める方法もあります。取引先が部下に会ったとき、「あなたの評判は聞いてますよ」と伝えたら、部下は自分が評価されているとわかり、喜んでくれるはずです。

このように、褒めた言葉が本人に届きそうなルートを考えて、間接的に褒めるのです。

その言葉が本人の耳に入った時、「こんなに自分を認めてくれているのか」と喜び、よりモチベーションを上げてくれるはずです。

「ミスの背景を探る」のはリーダーの仕事

チームで仕事をしていると、誰かがミスをするという事態は必ず起こります。

このとき、ミスをしたことを責めてもあまり効果はありません。**本人は言われるまでもなくミスをしたことを悔いているから**です。かといって、「次は気をつけろ」というだけでは、問題を解決、あるいは予防したとは言えません。

リーダーの仕事は、相手を叱る前に、まずミスやトラブルの背景を探ることです。

ミスの理由が、単純な「ヒューマンエラー」の場合。その時は仕組みを見直して、改善するしかありません。

例えばチラシや広告を作るときに、校正の段階で誤字の見逃しがあったとします。

こういう場合、「次回は気をつけて」では済まされないでしょう。二重チェックでダメなら、全員同席でチェックする、チェックする時間を強制的につくるなどの仕組みを整えるほうが、問題を解決できます。人は間違えないように気をつけていても、間違えます。

その大前提を忘れて「しっかりやれば絶対失敗はない」などと信じると、逆に大きなトラブルになります。単純なミスは必ず仕組みで直さない限り、減ることはないのです。

次に、理解度が足りなくてミスが起きた場合です。

「この資料、取引先に送っておいて」と部下に頼んだところ、部下は別の取引先に送ってしまった。これは指示をした上司が正しく伝えなかった、あるいは上司は正しかったけれども部下が正しく理解をしなかったかのどちらかです。

どちらにしても理解の仕方が違ったときは、**その場面に遡《さかのぼ》り、「あの時、どこでどう間違えてしまったのか」と一緒に考えて**いかなければなりません。

その結果、相手の理解が足りなくて間違えていた時には、次からは復唱してもらうか、上司がもう一度確認するなどの対策を講じればいいでしょう。上司が正しく伝えていなかった場合は、素直に謝罪をして、次からはメモで渡すなどの方法をとれば解決します。

こういう事態を防ぐには、直接指示を出した後、メールや文書で伝えるとより確実に伝わります。口頭での説明は、どうしても限界があります。とくに時間や場所、数字といった、誤解が生まれそうな指示や説明は、必ず文字にするべきです。

文字にすると、万が一トラブルが起きてしまった時も「言った」「言わない」の泥仕合にならず、何が問題なのかを振り返りやすいというメリットもあります。

ミスやトラブルの背景にはさまざまな原因があります。

大事なのは、次からはミスやトラブルを未然に防ぐこと。そして最悪なのは、ミスやトラブルが隠ぺいされることです。もし個人的な責任を追及するような組織であれば、必ず「隠そう」という意識が働きます。たとえそれが小さなミスであっても、隠すのが日常化されれば、大きなミスやトラブルも隠ぺいするようになります。

そうならないためには、速やかに原因を聞き出し、未然に防ぐための対策を考えるしかないのです。

ミスやトラブルこそ、組織やチームにとってもっとも共有すべき情報でしょう。ＭＵＪＩＧＲＡＭの中にも、「危機管理」と題した一冊がありますが、これには過去に起きたトラブルを取り上げ、どのように対処したのかが詳しく書かれています。ミスやトラブルは恥ではなく、財産だと考えて、何でも報告できる環境を整えるべきでしょう。

ミスは必ず起こりますし、表面的に怒っても何も解決しません。相手を責めても何もいいことはないのだと考え、リーダーは冷静に対処するよう心掛けてください。

「部下の反論」は8割正しい

「お言葉ですが部長……」

そんな風に部下が反論してくると、上司はどうしても立場上プライドが邪魔をして、相手の反論を倍返ししてしまいます。

しかし、上司に対して部下が進言するのは、それなりの理由がなければなかなかできないでしょう。部下の反論は聞いてみれば正しい場合が多く、もしそれが〝**強めの反論**〟で**あれば、相手が正しい場合が八割以上**だと私は思っています。

したがって、上司は部下の反論には「耳を傾ける」のが最善策です。

「そんなことをしたら部下になめられるのではないか？」と思うかもしれませんが、なめられるどころか、信頼されるでしょう。

前著でも紹介しましたが、私は会社に挨拶《あいさつ》の習慣を根付かせようとしています。

そこで、他の役員と共に毎朝八時にエレベーターホールに立ち、出勤してくる社員に挨拶をするようにしていました。

ところが、程なくして「松井さんが入り口に立っていると、朝から緊張してしまいます」という意見が社員から出てきました。

ここで、もし私が「いやいや、挨拶の習慣がしっかり浸透するまでやめない」と拒否したら、どうなるでしょう。とたんに、挨拶は「強制」になります。人はやらされ感を持っている限り、何かが身につくことはありません。自発的に「やろう」という気持ちにならないと、自分事にはなりません。

私はみんなの意見に素直に従って、入り口に立つのは月一回だけにしました。

今では「挨拶隊」という挨拶を推奨するグループが生まれて、社員たちが毎朝交代してエレベーターホールに立ち、挨拶しています。

プライドというのは、半分は「意地」で成り立っています。

つまらない意地で部下の意見を押さえつけてしまうのは、会社にも、チームにも、リーダー自身にも、建設的な行為ではありません。

そもそも上司だから正しい、部下だから正しくないと考えるのは傲慢《ごうまん》です。

また、**上司は「小さなプライド」を捨てるのと同時に、「小さな正論」も捨てなければいけません。**

例えば昔は、就業時刻を過ぎると部屋のドアを閉めて、遅れた社員を中に入れないようにしてしまう時期もありました。遅刻は確かに周りの人に迷惑をかけるので、ドアを閉めてしまう行為は一見正論のように思えます。しかし、今はそんな行動を取ったら、締め出された社員は翌日には会社に来ないかもしれませんね。「遅刻するほうが悪い」と断罪するのではなく、遅刻しない方法を考えるしかないわけです。

大事なのは小さな正論ではなく、大局観をもって物事を見るということです。

「目上の人を敬うべきだ」「自分のほうが経験年数は長いからよく知っている」

そんな小さな正論をふりかざしても、部下は不満を持ち、上司について行く意欲をなくすだけでしょう。

部下の意見に耳を傾けてみれば、立場や利害、人間関係というしがらみがない分、本質をついている場合も多いのです。その意見を採用すれば、チームにとっても企業にとっても多大なメリットがあります。

チームのためなら私心を捨てられるのが、よきリーダーなのです。

言い訳は「きちんと追い詰める」

ミスやトラブルを起こした時、人はつい言い訳をしたくなります。

言い訳は聞き流したりせず、〝追い詰めて〟いかなくてはなりません。

ただしこれは、言い訳をする人を責めたてて追い込むのではなく、問題が起きた原因を探り当てる、という意味です。

まずは問題の関係者が複数いる場合です。

例えば発注ミスが起きたとき、それに関わる人は社内だけではなく社外にもいます。一回だけのミスならどんなに気をつけていても起きるものなので、「次回から気をつけましょう」でおさめてもいい。しかし、頻発しているなら見逃すわけにはいきません。

こういう時は**関係者を一堂に集めて、現場で事実を確認する**のが大事です。取引先にもお願いして参加していただくしかないでしょう。

誰か一人から話を聞いたり、あるいは聞いて回ったりするのは、問題解決にふさわしい方法ではありません。個別に話を聞けば、誰もが責任を回避したくて言い訳をしたくなります。すると個人的な感情や憶測が混じりますし、嘘や隠ぺいが生じ、さらに嘘を重ねて問題が複雑化します。そうなると根本的な原因が見つかりづらくなるのです。

だから全員を集めて、「いや、こちらはちゃんと納期を伝えた」「こちらも注文時に確認した」という個別の言い分を聞きながら、原因を探っていくのです。互いの発注履歴などのデータを持ち寄れば事実関係を追っていけるので、どこでどんな行き違いや間違いが起きたのかを確認できるでしょう。

工場で問題が起きた時は工場で、店で問題が起きた時は店で集まるのも重要なポイントです。発注ミスの場合は「送った・送らない」という水掛け論になる可能性もあるので、その場で**事実を前にして確認するほうが話はこじれません。**

そして原因がわかった時は、「あなたの対応が悪かったんだ」と責めるのではなく、「今後どうしていきましょうか?」と、そのミスが再発しないような方法を一緒に考えます。そうすれば、問題はこじれずに解決します。

もしデータが何もなくて口頭だけでやりとりしていた場合は、そこが問題が生じる原因です。データでやりとりをする仕組みを整えることが解決策になるでしょう。

いずれにしても、**人の行動を責めても問題は解決しません。言い訳せざるを得ない事実をどう直すかを考えなければならない**のです。

次に、単独でミスやトラブルを起こした場合です。

部下に頼んでおいた資料が、まだ仕上がっていなかったとします。頼んだ部下が「他の仕事で忙しかったのです」と言い訳をした場合、皆さんはどう対処しますか。

「できないならできないって、言うべきだろ！」と相手を責めたところで、やはり問題は解決しません。

これも言い訳を追及していけば、「忙しかった」という理由の奥にある本当の原因に突き当たります。

その部下の抱える仕事量が多いのかもしれませんし、他の上司から任された仕事があったのかもしれません。実は、パワーポイントの使い方を知らないといった、初歩的な事情があるとも考えられます。

そうやって原因を探っていくうちに、上司側が部下への指示の出し方を改めなければならないことにも気づくでしょう。

単純に、「いつまでにこの資料が必要」と伝えていなかったのかもしれません。

「急ぎでね」と指示したところで、相手はどれぐらい急ぎなのかわかりません。誤解を招かないためにも指示を出す側が、いつまでにやればいいのか、どんな目的でその資料が必要なのか、どんなことに注意をしてつくればいいのかを伝えるのが基本です。


ミスやトラブルが起きた時こそ、コミュニケーションをしっかりとらなければなりません。それをうやむやにしていると互いに不信感が募り、関係が悪化してしまいます。

クレーム対応で、報告を受けたらすぐに顧客のところに飛んで行って話を聞くのは、今や当たり前になりました。それと同じで、何か問題が起きた時こそ、最優先で対処しなければならないのは言うまでもありません。

言い訳をするのを許しても、原因の追及をしないのは許さない。それぐらいの心構えを持っていれば、どんな問題であっても解決できるはずです。

人の短所は「直らない」と心得る

私はめったに声を荒げて怒ることはありません。これは、弊社の社員も認めるところだと思います。そんな私が、思わず声を荒げた出来事がありました。

以前、あるお取引先が懇親会を開いてくださった時の話です。

お酒の勢いもあったのでしょう。私の部下の一人が、「今日、オレは大事な用事があったんだ。なんでこんな日に懇親会を開くんだ？」と取引先の人に対して発言したのです。

その日はワールドカップの予選の日で、日本代表チームの試合が行われることになっていました。彼は熱烈なサッカーファンだったので、テレビで観戦したかったのでしょう。

懇親会が終わった後、私は彼を呼び止めて「お前、何を言ったんだ！　具合悪いよ」と叱りました。今でもその光景を覚えている部下がいるくらいですから、それこそ烈火のごとく怒っていたのでしょう。とくに「具合悪いよ」は私の怒りがかなり強いときに出る言葉です。

彼は仕事のできる優秀な社員でした。仕事に対する熱意もあります。しかし、部下に対しては非常に厳しく、取引先でさえも見下している面もありました。先方が設けてくれたねぎらいの場で、それを隠そうともしなかったのは、自分を過信していい気になっていたのでしょう。

それでも、叱った後で反省してくれるなら構いません。ところが彼は言い訳に終始し、その後もずっと不満タラタラでした。どんなに誠意をもって叱ったところで、人はそう簡単に変えられるものではないと実感した出来事です。後日、彼は無印良品を去りました。

人に欠点や短所がある場合、周りの人はそれを直そうと考えるでしょう。

おとなしい性格の部下に対して、「人前で話すのに慣れたほうがいい」とプレゼンを任せたり、うっかりミスの多い部下にはメモを取らせたり。しかし、たいていは空振りに終わります。

自分の性格でさえ直すのが難しいのに、他人の性格を変えることなどできません。人の短所は直らないものであり、無理に矯正しようとすると相手を追い詰めてしまいます。

そうかといって、その人を放っておくのも難しいでしょう。そのままでは本人のためになりませんし、周りにもよい影響は与えません。

それでは、リーダーはどうすればいいのでしょうか。

実は、**人の性格を変えることはできませんが、行動を変えることはできます。**

そして、人の行動を変えるためには、周囲の環境を変えることと、その人に対する自分の考え方を変えるという二つの方法があります。

・環境を変える

私は整理整頓《せいとん》があまり得意ではありません。部屋の中も散らかりがちです。

しかし、仕事で使う共有文書に関しては、Ａ４一枚にまとめられます。なぜなら、そのほうが効率がいいからです。

つまり、私は「整理」のために行動するのは苦手でも、「効率」のための行動ならやろうというモチベーションを持てるということです。

モチベーションを保てるように環境を変えれば、行動は変わるでしょう。

例えば失敗を恐れるあまり、新しい仕事にチャレンジできない人がいたとします。

それならば、彼ができるだけ失敗を恐れる必要のない環境をつくればいいでしょう。会

議で吊《つる》し上げにしたり、ミスをネチネチ責める上司や先輩がいれば、萎縮《いしゅく》するばかりです。そうならないように、

「会議の時は、議題そのものに集中する」「失敗をしても、皆の前では決して叱らない」といった点を心がければ、本人も「会議で発言してみよう」「失敗を恐れずにチャレンジしてみよう」と行動を変えられます。

自分がチャレンジしたことを報告する仕組みをつくってもいいかもしれません。部下が日報で「今日は会議で〇〇の意見を提案しました」と報告し、上司が「あの発言はよかったね」と認めるだけでも、次からも発言してみようとモチベーションが上がるでしょう。

・その人に対する自分の考え方を変える

人の性格を変えるのは至難の業ですが、それに比べれば、自分の側の考え方を変えるのは、さほど難しくはありません。

それには、相手の長所を褒めて伸ばす「美点凝視」の視点を持つことです。

長所と短所がある場合、人間はどうしても短所に目が行きやすい性質を持っています。相手のいいところを見つけるより、アラを探すほうが得意。でも、そうした自分の視点を

変えるようにするのです。

よく、「仕事は丁寧だけど、時間がかかる」という人がいます。そういう人に対しては、「仕事が丁寧」という点を認める。仕事は早いけれど雑な人より、時間がかかっても丁寧な人のほうが信頼できるでしょう。慎重な性格の人に、「もっと大ざっぱにやれ」といってもできませんし、その逆も無理な話です。できないところを変えようとすると、長所もつぶしてしまう結果になりかねません。

本人の性格はそのまま受け止める。その上で、時間を短縮したいなら何に時間を取られているのかを分析して、改善策を考えます。たいていそういう人は、さほど重要ではない作業に時間を取られていることが多いので、優先順位のつけ方さえ身につければ、適切な時間で作業できるようになるかもしれません。

慣れてきたら自然と時間は短縮できます。そのとき「ずいぶん早くできるようになったね」と褒めれば、次からも早く作業できるように努力するようになると思います。

このように、性格そのものを変えるより、行動を変えるよう対策を練るほうが、実は簡単です。精神論で人を動かそうと考えるより、現実的でしょう。

「やる気のない部下」のやる気に火をつける

部下の「やる気」をどう引き出すか、多くのリーダーが悩んでいると思います。「頑張れ」「期待してるよ」と励ましたところで、あまり効果は長く持ちません。かといって、報酬や地位はそう簡単に与えられるものではありませんし、そもそも報酬や地位というニンジンだけで人は動いているわけではありません。

やる気のない部下の多くは、目の前の仕事にやりがいを感じていません。やりがいは本人の気持ち次第だと思うかもしれませんが、私は周りの人がやりがいを引き出す環境をつくることもできると考えています。

例えば単純作業や雑用は、なかなかやりがいを感じづらいものです。

無印良品の店舗での仕事に、衣類を畳む単純な作業があります。これを新人スタッフに、ただ「畳んでください」と指示しても、「面倒だな」と思うでしょう。お客様が手に取って見た後に畳み直すうちに、「きれいに見てくれればいいのに」と本末転倒な考えがわいてくるかもしれません。「畳んであればいいや」と雑に畳む人も出てきます。

しかし、きちんと畳んで陳列してあると、お客様も見やすいし、気持ちよく買い物できます。清潔で整理整頓された店内が、無印良品の雰囲気をつくっているともいえます。服を畳んだり、乱れたディスプレイを直すといった小さな作業も、お客様がまた訪れたいと思う雰囲気をつくるために、非常に重要なことです。

散らかったままにしておいた場合と、きれいに陳列してある場合とでは、どれぐらい売り上げに差が出るのか、実験をしてみてもいいかもしれません。

そういった**作業の目的や重要性を伝えると、初めて自分の作業が「お客様が気持ちよく買い物をするために役立っている」と理解できる**のです。そして、自分が重要な仕事をやっているのだと感じれば、それはやりがいにつながり、やる気も湧いてくるでしょう。

書類のコピーやお茶くみといった雑用を、低く見る人も少なくありません。しかし、書類のコピーは重要な仕事です。もし一部欠けていたり、コピーミスなどが混じった書類が会議やプレゼンで使われたら、大きな損害につながってしまう可能性もあるのです。

またお茶を出すのも、お客様におもてなしの気持ちを伝えるための業務の一環です。美味しいお茶を淹《い》れれば、お客様に「この会社はいい社員教育をしているんだな」と信用を得られるかもしれません。

そのような**小さな仕事ほど、真価が問われやすい**のです。それがわかれば、どんな作業にも意味があり、自分も大切な任務を担っているのだと自覚できるでしょう。

そしてもう一つの方法が、成功体験を積ませることです。

自分の成功を喜ばない人はいませんし、もっともやりがいを感じられます。

少し背伸びするぐらいの仕事を任せ、それができれば徐々にレベルの高い作業を任せていきます。その繰り返しで自分の成長を感じ、達成感を得られるのです。

この場合、いきなり大きな仕事を任せたらつぶれてしまうので、慎重に見極める必要はあります。そして、仕事を遂行できたときは、周りの人が褒めてあげることです。こういった細やかな対応で、やる気のない人にも火をつけられるでしょう。

やる気は外から「注入」できるものではありません。相手の内側から湧き出るものですから、それを引き出す方法を考えなければならないのです。

100の議論より、一度の飲み会

ビジネスでもっとも大事なのはコミュニケーションです。業務を遂行する能力は二の次であり、コミュニケーションさえ円滑であれば、たいていの仕事は大きな問題もなく進みます。

コミュニケーションを取るために、会議などで議論を交わすのももちろん大切ですが、それだけでは相手の素顔は見えてきません。

最近は飲み会などを苦手とし、仕事でだけ付き合えばいいというドライな考えの若者も増えています。それは最近の若者がコミュニケーションを取るのが苦手だからという理由もあるかもしれませんが、コミュニケーションの楽しさを知らないからかもしれません。

飲み会に行っても上司や先輩が仕事のグチをこぼしたり、自慢話をするようでは、聞いている側は面白くないでしょう。それで敬遠する若者も多いのではないでしょうか。

それなら、上司や先輩が面白い話をすれば喜んで参加するということです。飲み会の参加者が集まらないリーダーは、自分自身に人徳がないのかもしれません。

自分は若いころは我慢して飲み会に参加していたのだから、今の若い人も我慢すべきだと考えていませんか？　それだと若者は離れていくばかりです。

そもそも、**部下の心をつかめないリーダーが、果たしてお客様の心をつかめるのでしょうか。**


昔ながらのコミュニケーションの取り方ではあるのですが、飲み会にもやはり、それなりに効果はあります。一〇〇の議論を交わすより、一度飲みに行くだけで、腹を割って話せるような関係になることもあるのです。

皆でお酒を飲む場は、とくにリーダーになったばかりの人は積極的に設けたほうがいいと思います。

それは自分のチームのメンバーがどういうタイプの集まりなのかを、早くつかめるからです。会社で当たり障りのない話しかしない状況では、なかなか互いに心を開くことはできませんが、仕事の話ではなく、趣味やプライベートの話をすれば、打ち解けやすくなります。

ただ、部長のような管理職になってくると、どうしても部下との間に距離感が生まれるので、飲みに誘っても相手は敬遠してしまうでしょう。立場やステージによってコミュニケーションの取り方が変わってくるのは、避けようのないことです。

管理職クラスは、基本的には「普段の業務を通して、コミュニケーションを取る」のだと割り切り、打ち上げなどの特別なときに飲み会を設けるくらいがベストです。

また、悩みを抱えたメンバーの話を聞いてあげるのにも、お酒の席は役にたちます。

小森孝という現在は常務取締役で、情報システムや総務人事を担当している人物がいます。彼はオフィス家具メーカーなどを経て転職してきて、当時物流部長を務めていた私のもとに配属となりました。

彼は仕事を確実にやりきる力があり、優秀ではあるのですが、繊細な性格でした。自信をなくすと、「会社を辞めたい」としょっちゅう漏らしていました。悩んでいると顔色は青白くなるので、一目見て「何か悩んでいるんだな」とわかるくらいです。

そういうとき、私は彼を飲みに誘って、よく話を聞いていました。

彼は「メーカーの物流のノウハウが通用しない」とすっかり自信を喪失していました。

無印良品はボールペンといった小物から衣料、家具まで、さらに食品ごとにサイズが違うので、在庫の管理や輸送の仕方がまったく違ったのです。

メーカーはたいていが同じサイズの荷物なので、トラックにも積み込みやすく、積載率が高いという傾向があります。積載率が高いほうがコストは削減できるので、私としては、彼の持っているメーカーでのノウハウをもとに、新しい物流システムをつくりたいと考えていました。彼にはそう説明し、また、本人が悩んでいるほど周りは深刻にとらえていないのだと、説いた記憶があります。その後、彼は西友の物流センターなどから真似られるものは真似し、無印良品独自の物流センターの仕組みをつくり上げました。

上司は一人ひとりの部下に対するフォローをするのも仕事のうちです。

最近の上司はプレイング・マネジャーとして現場でも結果を出さなければならない、厳しい状況ですが、仕事をスムーズに進めるためにも、日頃のコミュニケーションの取り方は肝要なのだと考えてください。

基本は、自分から心を開くということ。そうすれば時間がかかっても、相手は心を開いてくれるでしょう。

おわりに

理念を「引き継ぐ」ために

■大企業病の再発予防策は、ない？

私は仕事柄、多くの経営者の方にお話を伺ってきましたが、大企業病を予防する方法を尋ねると、皆さん「常に社内で警鐘を鳴らすしかない」と口をそろえて仰《おつしや》います。仕組みで変えられると一番いいのですが、私もまだその方法は考えつきません。

企業が油断するのは業績が悪化しているときではなく、増収増益しているときです。そこでトップの気が緩むと、とたんに驕《おご》りや昂《たか》ぶりといった大企業病が蔓延《まんえん》します。したがって、私は常に**「勝って兜《かぶと》の緒は締まらない」ものだ**と自分自身にも、社員にも言い聞かせています。

日立製作所の川村隆・元会長は、日立一筋の方で、副社長の座まで登りつめた後、グループ会社に出向し、そこで会長に就任しています。日立製作所は世界金融危機によって二〇〇九年三月期に七八七三億円という巨額の赤字を計上しました。その直後に川村氏が呼び戻されて会長兼社長に就任し、二年でV字回復させたのです。

川村氏は役員会を開いていた時、三五人ぐらいの役員で議論していると、政策がすべて丸くなることに気付きました。

「丸くなる」とは、当たり障りのない、前例の通りに話が進むという意味でしょう。大企業病の最たる例で、こうなると社員のチャレンジ精神が失われてしまいます。

川村氏同様グループ会社に出向していた二人の方が呼び戻され、それぞれ副社長に就任。計五名の副社長体制として、川村氏はこの副社長たちと議論しながら、改革をどんどん進めていきました。そして電力や鉄道などの重電分野にシフトし、いち早くテレビ事業から撤退するなどして、日立を見事に復活させたのです。

私も、多くの社員で経営方針を議論して決めるのは愚の骨頂だと考えています。経営方針はトップが決めなければなりませんし、さらにとんがっていないといけないのです。

巨額の赤字に陥った時は、さすがに社内には緊張感が走り、社員みんなが危機感を持っていたそうです。ところが、V字回復を果たした途端、「すぐ緩んだ」と仰っていました。

大企業病は、人間でいえば糖尿病のようなものです。糖尿病は食事の制限をし、毎日運動をするなどして日常の生活で気をつけていれば症状は回復します。ところが、健康診断で数値がよくなったからと気を緩めて運動をさぼったり、連日飲みに行ったりすれば、あっという間に悪化します。食事制限も運動も、続けている限り体調は良好でしょう。

企業の場合、運動は企業の活性化にあたり、食事療法はムダを省いて徹底的に合理化を図ることに当てはまります。どちらもずっと続けていくのが、企業が元気で長生きできる秘訣《ひけつ》だと思います。

愛社精神も大企業病の予防の一つになるかもしれません。

ただし、無印良品の社員の愛社精神は、どちらかというと「愛ブランド精神」といえます。元々無印良品のコンセプトや商品に共感して入社する社員が多いので、「会社が好き」というより、みな「無印良品というブランドを守りたい」という気持ちが強いようです。だから業績が悪化したり大企業病が蔓延したときも、「何とかしたい」という気持ちに突き動かされる社員を中心に、改革に向かって進んでいけたのではないかと思います。

また、絶えず異動をすることで、ゆがんだ愛社精神を生み出さないという面もあるのかもしれません。会社には自分の部署が優位に立つために画策する人たちが少なからずいます。その人たちにも自社のブランドを誇りに思う気持ちはあるでしょうが、それが間違った方向に行くと、権威を示そうという意識に縛られるようになります。

それを断ち切るには、異動で人を絶えずシャッフルするのが一番でしょう。

正常な愛社精神を社員に持ってもらうためには、繰り返しになりますが、全体最適の視点で物事を見られるようにしなければなりません。そのためにも異動でさまざまな部署の仕事を体験するのは重要です。

「流れる水は腐らず」という言葉もあるように、停滞すると水も社内もよどんでいきます。常に流動させせなければならないのです。

大企業病は常にトップが目を光らせていて、危険の芽に気づいたらすぐに摘み取らなければなりません。それはチームや部署にも当てはまります。

本書でお伝えしてきた考え方を実行すれば、チームは活性化するでしょう。みなが気持ちよく働ける環境をつくれると思います。

しかし、それで気を緩めると、とたんに統制がとれなくなります。

大企業病は根絶するのに時間がかかりますが、治ってもすぐに再発するものなのだとリーダーは肝に銘じておくべきでしょう。

■会社の伸び代はどこにあるか

私は無印良品の伸び代は無限にあると考えています。

無印良品は大量生産・大量消費の時代に、ブランド物ばかりを追い求める風潮に対するアンチテーゼとして生まれました。設立当初は「わけあって、安い」というコンセプトをもとに、よい品質の商品を安く提供していました。そのコンセプトに基づいて、シンプルで機能性を追い求めるスタンスを貫いてきたのです。

ただ時代の変化につれ、安いだけでは売れなくなっていきました。そこで業績が悪化した際に、「わけあって、安い」という根幹は変えずに、サブコンセプトを見直したのです。

今の無印良品のサブコンセプトは、「〝これがいい〟ではなく、〝これでいい〟」。

このコンセプトが決まったころ、アートディレクターの原研哉《けんや》さんは、「これがいい」はかすかなエゴイズムや不協和が含まれるけれども、「これでいい」は抑制や譲歩を含んだ理性が働いている。しかし、一方で諦《あきら》めて小さな不満があるようにも感じる。この「で」のレベルを上げることは、あきらめや小さな不満を払拭《ふっしょく》することなのだ――と述べています。今、私たちは「で」のレベルを引き上げるために、リーズナブルプライスで高品質の商品を提供しようと、日々画策しているのです。

いずれこのコンセプトも時代に合わなくなる日が訪れるかもしれません。そのときは、その時代に合うようにコンセプトを進化させればいいでしょう。サブコンセプトを変えても、低価格でありながらも高品質で、自然の素材を活かし、シンプルで日々の生活で使いやすい商品をつくる、といった無印良品の哲学に関するところを変えなければ、世の中に受け入れられ続けると思います。

海外で無印良品が受け入れられてきたのは偶然ではなく、経営の仕組みを変えていったからです。国ごとのローカルなマーケットにどう適合させるのか、それを出店前に調べて分析し、店の品ぞろえを考えているので、多くの国で受け入れられているのでしょう。

また、世界中の人たちにある「価値」と、無印良品の「価値」が一致しているのも大きな理由です。中国を含めアジアでは「日本製は品質がいい」が価値であり、ヨーロッパでは日本の伝統文化に基づく洗練された商品が価値であり、アメリカは高品質だけどリーズナブルだという実質価値で判断している傾向があります。そのように、国ごとに適用するような伸び代をもっているのが、無印良品の魅力なのです。

いずれ、無印良品の日本語の表示がいらなくなる時代が来るのではないか、と私は考えています。無印良品の価値観を世界中に知ってもらえたら、商品を見るだけで「これはＭＵＪＩだな」とわかるようになるでしょう。

もしコンセプトの方向性を見失いそうになったときは、私たちの先祖の功績を思い出せばいいのだと思います。江戸時代以前の職人たちの伝統工芸品のなかに、ヒントはあります。先人が他国では類を見ない日本独自の精神を築いたおかげで、欧米でも戦前からジャポニズムとして評価されていました。そのころから日本のものづくりは使いやすさとムダを排除し、すぐれたデザインとコンセプトを実現させていたのです。

それを受け継ぐ無印良品の哲学や理念は、これからの時代も受け入れられていくに違いないと、私は確信しています。そして、それを実現するためにも、ブランドの理念を引き継ぐ「人を育てる」必要があるのだと思います。

編集協力／大畠利恵
装丁／國枝達也
図版制作／Sun Fuerza

本文中の「『若手店長』の声」「『海外駐在』の実例」「『海外短期研修』の実例」は、インタビューに基づき、編集部で構成しました。

松井忠三（まつい　ただみつ）
1949年、静岡県生まれ。株式会社良品計画会長。
73年、東京教育大学（現・筑波大学）体育学部卒業後、西友ストアー（現・西友）入社。92年良品計画へ。総務人事部長、無印良品事業部長を経て、2001年社長に就任。赤字状態の組織を“風土”から改革し、業績のV字回復・右肩上がりの成長に向け尽力。07年には過去最高売上高（当時）となる1620億円を達成した。08年より現職に就き、組織の「仕組みづくり」を継続している。著書に、ベストセラーとなった『無印良品は、仕組みが9割』（角川書店）がある。

無《む》印《じるし》良品《りようひん》の、人《ひと》の育《そだ》て方《かた》

“いいサラリーマン”は、会社《かいしゃ》を滅《ほろ》ぼす

2014年7月10日　初版発行

著者／松井《まつい》忠三《ただみつ》

発行者／山下直久

発行所／株式会社KADOKAWA
東京都千代田区富士見2-13-3　〒102-8177
電話　03-3238-8521（営業）
http://www.kadokawa.co.jp/

編集／角川書店
東京都千代田区富士見1-8-19　〒102-8078
電話　03-3238-8555（編集部）

印刷所／大日本印刷株式会社

製本所／大日本印刷株式会社

ISBN 978-4-04-101520-9　C0030